管人三法

东篱子◎解译

中国华侨出版社

·北京·

图书在版编目 (CIP) 数据

管人三法 / 东篱子解译 . — 北京：中国华侨出版
社，2005．5（2025．4 重印）
ISBN 978-7-80120-948-1

Ⅰ.①管… Ⅱ.①东… Ⅲ.①领导学 Ⅳ.① C933

中国版本图书馆 CIP 数据核字（2005）第 025649 号

管人三法

解　　译：东篱子
责任编辑：唐崇杰
封面设计：周　飞
经　　销：新华书店
开　　本：710 mm × 1000 mm　1/16 开　　印张：12　　字数：131 千字
印　　刷：三河市富华印刷包装有限公司
版　　次：2005 年 5 月第 1 版
印　　次：2025 年 4 月第 2 次印刷
书　　号：ISBN 978-7-80120-948-1
定　　价：49.80 元

中国华侨出版社　北京市朝阳区西坝河东里 77 号楼底商 5 号　邮编：100028
发行部：（010）64443051　　　　　　传　真：（010）64439708

如果发现印装质量问题，影响阅读，请与印刷厂联系调换。

自古成大事的人，大多是善于管人的人。成功的管人者须具备登高一呼、应者云集的道德号召力，具备利用各种人才、平衡各种力量的领导能力，具备能用人长，也能容人短，胜不骄、败不馁的胸怀和气度，具备应对各种困难、各种复杂局面的手段和技巧。

所以说，管人的学问是领导学、是管理学、是心理学、是关系学，是所有这些学问的综合，又远远超越这些学问之外。

一部中国古代历史，就是一部人治的历史，唯其如此，中国古代管人的高手层出不穷。有的人以强力手段管人，如秦始皇；有的人以柔术兼济天下，如光武帝；有的人以明视听致管人奇效，如唐太宗；有的人以勇于任事成管人之功，如寇准，等等。他们的管人经验尽管有其不同的时代特征，但还有一些共通的、规律性的东西，即使在今天的管人实践中仍然可以发挥其应有的作用，我们在这里对此作一总结。

一曰礼贤管人。管人是复杂的脑力活动，并非谁力气大谁就会管人。相反，谁能礼贤下士，树立起尊贤重能的形象，谁的管人效果就最好。

二曰铁腕管人。对于制造麻烦的人，管人者绝不能养虎为患，对于硬骨头，就必须采用针锋相对的硬手段。

三曰施威管人。要善于舞动权力的大棒，对违规犯禁者当打则打，当罚则罚。有了威，下属才会把你当回事，你管人的效率才更高。

四曰施恩管人。有舍才能有得，真正的好领导，不在于有没有人服从你的管理，而在于有没有人心甘情愿地服从你的管理。

五曰培植管人。管人的诀窍之一就是抓住重点人物，培养几个能做事又信得过的帮手。

六曰用人法管人。用人是管人者需要研究的首要课题。从用对人人手来管人，算是抓住了如何管人的七寸。

七曰平衡管人。管人者固然要善于发现矛盾，同时应站在统筹的高度，以平衡、牵制的技巧利用矛盾，达到挖揽全局的目的。

八曰纳谏管人。在管人的智慧里，能够听取不同意见，及时改正错误，绝不是管人者可有可无的做法。任何的独断专行或偏听偏信都可能导致灾难性的后果。

九曰自修管人。自修表面上对己，实际上对人。修身养气可以让人以更加宽广的胸怀气度去管人，也才更能管得好。

知识和经验可以给我们以警示和借鉴，但不能照搬套用。我们应该吸取其精华的成分，在新的管人实践中活学活用。如是，则前人不但可以学习，而且应该能够超越。

目 录
Contents

上辑

服人法

管理，少用"管"，多用"理"

中辑

驭人法

与其教育猫，不如看住鱼

下辑

用人法

——带领团队跃进成长的底层逻辑

上辑

服人法

管理，少用"管"，多用"理"

第一章
礼贤：尊重贤能树立管人者的高大形象

  管人是一个复杂的脑力活动，不是说谁力气大、才能高就能管得住、管得好人。优秀的管人者需要有远大的胸怀，容人的气度，要能给各种各样的贤才能人以必要的尊重，要能放下自己的架子，以谦卑的姿态为这些人"服务"。一旦你尊贤重能的高大形象树立起来，你会发现管人，哪怕名声响亮的能人，也并不是一件多么难的事情。

对贤能之士要树立"求"的思想

  管人者的最终目的是要把事情做好，为此，应该把各有所长的贤能人士请到自己的身边，让他们的特长为自己管人的目标服务。如果请之不得，那就要去求。

　　战国初期，魏国是最强的国家。这同国君魏文侯（魏斯）的贤明是分不开的。他最大的长处是礼贤下士，知人善任，器重品德高尚而又具有才干的人，广泛搜罗人才，虚心听取他们的意见，善于发挥他们的作用。因此，许多贤士能人都到魏国来了。

　　魏国有一个叫段干木的人，德才兼备，名望很高，隐居在一条僻静的小巷里，不肯出来做官。魏文侯想同他见面，向他请教治理国家的方法。有一天，他坐着车子亲自到段干木家去拜访。段干木听到文侯车马响动，赶忙翻墙头跑了。魏文侯吃了闭门羹，只得怏怏而回。接连几次去拜望，段干木都不肯相见。但是，魏文侯对段干木始终非常仰慕，每次乘车路过他家门口，都要从座位上起来，扶着马车上的栏杆，伫立仰望，表示敬意。

　　车夫问："您看什么呐？"魏文侯说："我看段干木先生在不在家。"车夫不以为然地说："段干木也太不识抬举了，您几次访问他，他都不见，还理他干什么！"魏文侯摇了摇头说："段干木先生可是个了不起的人啊，不趋炎附势，不贪图富贵，品德高尚，学识渊博。这样的人，我怎么能不尊敬呢？"后来，魏文侯干脆放下国君的架子，不乘车马，不带随从，徒步跑到段干木家里，这回好歹见了面。魏文侯恭恭敬敬地向段干木求教，段干木被他的诚意所感动，给他出了不少好主意。魏文侯请段干木做相国（当时一国的最高行政长官），段干木怎么也不肯。魏文侯就拜他为老师，经常去拜望他，听取他对一些重大问题的意见。这件事很快传开了。人们都知道魏文侯"礼贤下士"，器重人才。一些博学多能的人，如政治家翟璜、李悝，军事家吴起、乐羊等都先后来投奔魏文侯，帮助他治理国家。

当时，魏国已经建立了封建政权，新兴地主阶级登上了政治舞台。可是，无论在政治、经济还是思想意识方面都还存在不少奴隶制的残余。这些东西严重阻碍着魏国的发展。魏文侯决心加以改革。他任李悝为相国，经常同他商讨国家大事。李悝也积极地提出许多建议。

有一天，魏文侯问李悝，怎样才能招募更多有才能的人到魏国来，李悝没有回答，反问道：

"主公，您看过去传下来的世卿世禄制怎么样？"魏文侯说："看来弊病甚多，需要改革。"李悝点点头说："这个制度不改，就不可能起用真正有才能的人，国家就治理不好。"原来，按照"世卿世禄"制，奴隶主贵族的封爵和优越俸禄是代代相传的，父传子、子传孙，即使儿子没什么本领，没立什么功劳，照样继承父亲的封爵和俸禄，享受贵族的种种特权，过着养尊处优的生活。一些真正有才能的人，只因为不是贵族，就被这种制度卡住了，很难得到应有的地位。李悝把这个问题分析给魏卜侯听，魏文侯十分同章他的看法。又问："那冬如何改革呢？"李悝早就胸有成竹，不慌不忙地说："我们必须废除世卿世禄制。不管什么人，是贵族还是平民，谁有本事有功劳，就给谁官做，给谁俸禄；按本事和功劳大小分派职位；有功的一定奖赏，有罪的适当处罚。对那些既无才能又无功劳而又作威作福的贵族，采取断然措施，取消他们的俸禄，用这些俸禄来招聘人才。这样，四面八方的能人贤士就会到魏国来了。"魏文侯听了，非常高兴，叫李悝起草改革的法令，不久就在全国执行了。这项改革，剥夺了腐朽没落的奴隶主贵族的"世袭"特权，增加了新兴地主阶级参与政治的机会，为巩固魏国的封建政权创造了条件。

接着，魏文侯又采纳了李悝的建议，在经济上进行了改革。李悝算了一笔细账：一个五口之家的农民，种二百亩地，每年收获的粮食，除去交租纳税和自己家的口粮以外，就剩不下什么了，如果遇到生病办丧事，或者国家增加苛捐杂税，日子就更难过了。为了改善农民的生活，就必须增加粮食产量。当时魏国大约有几百万亩土地，除去山、河、城、邑，可耕地只有六百万亩。如果农民精耕细作，每亩可增产三斗粮食；相反，就要减产三斗粮食。这样一增一减，全国就相差一百八十万石粮食。所以，他建议宇行"尽地力"的政策，就是积极兴建水利，改进耕作方法，以充分发挥土地的潜力。同时，李悝还创立了"平籴"法：丰收年景，市面上粮价便宜，为了不使农民吃亏，国家把粮食照平价买进；遇到荒年，市面上粮价昂贵，国家仍照平价把粮食卖出。这样，不管年成好坏，粮价一直是平稳的，人民生活比过去安定，国家的赋税收入也得到了保证。

李悝还搜集整理了春秋末期新兴地主阶级制定的法律，创制了我国历史上第一部比较系统的封建法典——《法纪》，田法律形式把封建制度固定下来，保护地主阶级的政治经济特权。

魏文侯很赞成李悝的主张和措施，实行了这一套办法以后，魏国很快就富强起来了。

魏文侯看国家实力增强了，就要去攻打中山国（今河北省定县一带）。翟璜推荐乐羊做大将，说他文武双全，善于带兵，准能把中山打下来。可是有人反对，说："乐羊的儿子乐舒在中山当大官，他肯出力拼命地攻打中山吗？只怕他疼爱儿子，到时候会心软。"翟璜说："乐羊可是一个忠心为国的人。乐舒曾经替中山国君聘请乐羊去做官，乐羊认为中山国君荒淫无道，不但没去，还劝儿子离开。可见他是很有见地的。"文侯把乐羊找来，对他说："我想让你带兵去平定中山，您儿子在那儿做官，怎么办？"乐羊说："大丈夫为国家建功立业，要是破不了中山，甘愿受处分！"魏文侯就派他为大将，带领兵马，去攻打中山。一连几仗下来，中山兵大败。魏军长驱直入，一直打到中山国的都城，并且把都城包围起来。中山国国君十分恐慌，一面加紧城防，一面逼着乐舒劝说乐羊停止攻城。乐舒不得已，只得登上城楼大叫，请父亲来相见。乐羊出来，不等乐舒开口，就把他大骂一通，要乐舒赶紧劝中山国君投降。乐舒请求乐羊暂时不要攻城，等他同国君商议。乐羊同意了，给他们一个月的期限。一个月过去了，中山国又要求缓期一个月。这样三次，乐羊也没攻城。原来他是考虑，中山城池坚固，硬攻伤亡太大，不如采取围而不攻的办法来收买民心，等待时机再把都城拿下来。谁知魏国朝廷上一些嫉妒乐羊的人乘机到文侯跟前说起他的坏话来了："主公请看，乐羊开始攻打中山的时候，势如破竹，儿子一番话，三个月不攻。父子感情可真深啊！要是不把乐羊召回来，恐怕要前功尽弃了。"诽谤乐羊的话不断送到魏文侯耳朵里。魏文侯河翟璜有什么意见，翟璜说："乐羊这个人很可靠，主公不要怀疑。"于是文侯对各种诽谤乐羊的话一律不加理睬，照样信任乐羊，经常派人到前线慰劳，还预先在都城替乐羊盖了好房子，等他回来住。乐羊心里非常感激。他看中山国不投降，就带军队拼命攻城。中山国国君看看情势危急，就把乐舒绑了，高高地吊到城门楼顶的一根杆子上，想用这种办法迫使乐羊退兵。那天，乐舒在高杆上大叫："父亲救命！国君说您一退兵就不杀我……"话没说完，乐羊气得直翘胡子，拔出箭来就要朝乐舒射去。中山国君一气之下，果真杀了乐舒，还把他的头吊到杆子顶上，想引得乐羊悲痛，松懈斗志。乐羊见了儿子的脑袋，气得直骂："谁叫你给无道昏君做事呐！也是罪有应得。"接着，他带领军队更加下死劲攻城，最后，还是把中山国打下来了。平服中山国以后，魏文侯又任命吴起为大将，带领军队去攻打秦国，连着占领五座城池。魏国成为当时最强盛的国家。

管人者对于人才"求"念一生，余下的就什么事都好办了。

尊崇有真本事的大贤

管人的目的无非让大家把事情干好，在干事情的过程中，个别有真本事、大本事的人所起的作用绝非一般人可比，而越是这样的人越是清高，不是三言两语或蝇头小利就能使得动。对这些人，管人者也不可像对待一般人那样呼之即来，挥之即去，而应以十二分的虔诚礼遇之，这样人家才会甘心情愿为你效命。

周文王姬昌雄才大略，善良仁慈，被誉为"圣人"。他继承祖先的事业，继续以农为本，发展生产，施行裕民政策，并加强军队建设，组织虎贲（勇士），用战车大规模装备军队，同时，他敬老爱幼，礼贤下士。一次，文王在野外行走，见路上枯骨累累，心里很难过，马上吩咐把枯骨好好掩埋。随从告诉他："这些都是无主的尸骨。"文王说；"统治天下的就是天下之主，治理国家的就是一国之主。我就是主，怎能说这些尸骨无主呢？"这件事传出去后，各地的人都称赞道："西伯对枯骨尚且这样爱护，何况是对人呢！"于是，一大批人才如散宜生、闳夭等都来投奔他。在散宜生、南宫适等大臣和儿子武王、周公的辅佐下，文王将周族的势力进一步向东发展。

商纣王为此深感忧虑，在宠臣崇侯虎的煽动下，就把文王召到朝歌，关进监狱，将其子伯夷考醢尸，强迫文王吃下。散宜生等人为救文王，除贿赂纣王宠臣外，还送给纣王大量珍宝、美女，纣王被这些礼物弄得眼花缭乱，加上已收周贿赂的宠臣恶来等人为文王说情，纣王不仅消除了对文王的疑虑，把他放了回去，而且，封他为西伯，"赐之弓矢斧钺"，使其掌有征伐之权。这一抓一放，再一次暴露了纣王的昏庸腐败，更加坚定了文王讨伐商朝、取而代之的信心。回国后，他更加积极发展经济，训练军队，更加注意搜罗人才。一旦发现，就想法罗致，予以重用。

说话姜子牙在渭水之滨，虽天天到溪边钓鱼，但钓鱼的方式独特。鱼钩是直的，没有鱼饵，鱼钩离水面三尺多高，过往行人见此，或感到奇怪，或嘲笑他。姜子牙不以为然，口中念念有词："短竿长线守硒溪，这个机关哪个知？只钓当朝君与臣，何尝意在水中鱼？"他一面耐心等待，一面把自己的志向和对形势的分析编成歌谣，教渔人、樵夫等传唱，以期引起文王的注意。冬去春来，花红柳绿，春草萌生，景色宜人，正是游玩的好时节。一天，文王带着散宜生、南宫适等人来到渭水之滨游玩，君臣游兴正浓时，一伙渔民高歌而来。这伙人唱道：

> 忆昔成汤扫桀时，十一征战自葛始。
> 今锋六百有余年，祝网恩波将歇息。
> 悬肉为林酒作池，鹿台积血高千尺。
> 内荒于色外荒禽，可叹四海沸呻吟。
> 我曹本是沧海客，洗耳不听亡国音。
> 日逐洪涛歌浩浩，夜观星斗垂孤钓。

听那歌词，饱含着商朝将要灭亡、乾坤必定更替和隐者避世逍遥之意，文王大为惊奇，命南宫适叫来这伙渔民，问道："请问，这歌是你们编的？"一个渔民答道："我们是打渔的，不识字，哪会编歌呢？这是一个叫姜子牙的老翁在硒溪垂竿钓鱼时唱的一首歌，他每天都唱歌，还教我们唱，我们听久了，也便学会了，其实并不解歌中之意。"文王听了，当即前往硒溪，寻找姜子牙。

临近硒溪时，一樵夫挑着柴唱着歌，迎面而来：

> 春水悠悠春草奇，金鱼未遇隐稽溪。
> 世人不识高贤志，只作溪边老钓矶。

文王一问，才知此歌也是姜子牙所作。于是，文王迫不及待，拍马快奔，大臣们紧随其后。来到硒溪边，只见一棵柳树下，有一块光滑平整的大石头，石头旁边鱼竿漂在水面上，姜子才却尤踪迹。求才心切的文工耐心地等到夜幕降临，仍不见人影。散宜生一语提醒文王："求贤聘杰，应当虔诚，今天突然闯入，说明心意不诚，行为不恭，因此，贤人才故意避开，我们应当另择吉日专程拜访才是。"文王认为言之有理，只好恋恋不舍地离开了硒溪。

回宫后，文王命令文武大臣不得回家，都住在宫里，斋戒三日。第四天，大家沐浴整衣，抬着礼品，前往硒溪。沿途惊动了无数百姓，扶老携幼，观看迎贤盛况。队伍行至树林边，文王命令队伍停下，不准喧哗。文王下马，同散宜生步行人林，只见一老翁背坐溪边，文王猜想此人一定是姜子牙。其实，姜子牙早已发现了他们，而且，前几天他也是故意躲开的，他想考察文王，看看他是不是真正的明君，是否真正求才若渴。今天，他还想考察一番。他明知文王已站在身后，却假装没有看见，自言自语道："世人垂钓以诱饵，老夫泪眼视空钩；王公卿士无人识，面对流水度春秋。"又故意叫道："快上钩呀！愿上钩的快上来呀！不要命的上钩来吧！"

文王听罢，更觉得姜子牙是个奇人，再定睛一看，又发现了奇怪的事：姜子牙的鱼钩不在水中，而是高出水面三尺多，钩是直的且无鱼饵。文王忍不住，低声问道："先生可就是隐士姜子牙？"姜子牙假装不认识文王，慢慢扭过头来说道："小民确为姜子牙，但不过是一村野匹夫，并非隐士。"

　　文王想了一下，又问道："别人垂钓均有诱饵，钩人水中。先生如此钓法，能钓得住鱼吗？"姜子牙借题发挥："休道钩离奇，自有负命者。世人皆知纣王无道，可是，伯邑考就甘愿上钩；纣王自称才智高超，能识破一切谎言，可硬是让散宜生的奇钩钩住，放跑了有取而代之之心的文王。"

　　文王听了，更加敬佩，诚恳地说："不瞒先生，我就是您说的文王。祖父老太公生前就盼望我得到一个协助我兴邦立国的贤臣。现在我得到了，您就叫太公望吧。请先生收拾行装，随我进宫。"

　　姜子牙见文王确实是谦虚待人、礼贤下士的君王，也就没有推辞。文王非常高兴，立即将他迎上马车，姜子牙于是永远离开了硒溪。功夫不负有心人，姜子牙终于钓到了"大鱼"，等到了赏识自己的明君，从此走上了成功的平坦大道。这一年，姜子牙已80岁。

　　对于像姜子牙这样有真本事的大贤，光是求贤的思想还不行，还必须用特殊的能打动他的手段去求。真心诚意的尊重就是这样的一个手段。

用最高的位置把最有本事的人留下来

　　能人最大的愿望就是发挥自己的才能。对于最有本事的人，就应该给他最适合他的高位，这才是对他最好的尊重。否则，让他日进斗金未必留住他的心。

韩信是汉王刘邦夺取天下所依靠的三位"人杰"之一，在楚汉战争中起到了举足轻重的地位。

据《史记·淮阴侯列传》及《汉书·韩信传》的记载，韩信是淮阴人，出身于平民家庭，品行又不怎么好，未能被推选到官府充当官吏，又不肯务农或经商，因而经常是投靠他人吃闲饭。他的母亲病死，没有钱安葬，他便找一块四周广阔的高地为坟，令坟地的周围可以安置万家。韩信的这一举动，表明他青年穷困时期便胸怀大志，自信将来能显贵，受封王侯，因而预先为死去的母亲选择了这样一处四周可供万家守家人居住的高大坟地。

韩信这种吃他人闲饭的日子，并不好过，很多人都讨厌他。他寄食时间较长的是淮阴下乡的南昌亭长家。南昌亭长见韩信尽管没有个正当职业谋生，但举止又不与一般青年人相同，整日少言寡语，若有所思，也就听任韩信寄食。几个月过后，亭长的妻子开始讨厌韩信，便清晨提前吃饭，待韩信按往常开饭到达时，人家已吃完，不再为韩信准备饭食。韩信明白了女主人的用意，一怒之下，他再也不到这位亭长家去寄食了。

待到项梁在吴中起兵反秦，大军渡过淮河，韩信认为施展抱负的时机已经到来，便手持宝剑投奔于项梁的部下，没有显露出什么名声。项梁战死，韩信隶属于项羽，项羽让他做"郎中"，负责警卫工作。由于职务上的方便，韩信多次就军务大事向项羽献策，高傲自大的项羽根本没瞧起这位小小的郎中，又怎能听得进他的献策？

　　韩信随同项羽的大军到达关中，在项羽分封诸侯、各诸侯王分别就国时，韩信因不得项引重用，便在汉王入汉中时偷偷离开楚军大营，投奔了汉王刘邦的部将夏侯渊的部下。夏侯渊做过藤县县令，因而人称他为腾公。在腾公部下，韩信一时也没能显露名声，只是担任"连敖"职务，不过是个负责接待官吏的小官而已。一次，因触犯军法而被判处斩刑，同案的十三人均已行刑问斩。依次轮到韩信，韩信抬头仰视，正好看见腾公，便大声说道："汉王不想成就夺取天下的大业吗？为什么斩杀壮士！"

　　腾公闻听韩信出言不凡，又见他相貌威武，便释放了韩信，免他一死。腾公与韩信交谈，十分高兴，并把这一情况向汉王汇报，汉王任命韩信为治粟都尉，负责管理全军的粮饷，但汉王并没有重用他。

　　韩信任治粟都尉后，有机会多次同萧何促膝长谈，被萧何认为是位难得的军事奇才，萧何多次向汉王推荐其人，但始终未得到汉王的重用和赏识。而治粟都尉一职，又不是他施展他军事才能的岗位，想来想去，韩信便在一天的夜晚不辞而别，寻找他可以施展抱负的地方去了。

　　萧何得知韩信逃亡，感到事情重大而紧急，来不及向汉王汇报，立即乘马去追赶韩信，这才有了萧何月下追韩信这一千古美谈。

　　萧何追到韩信，安置好，第三天一大早便去汉王府拜见汉王。汉王见到萧何后又喜又气，骂道："你深夜逃亡，何故？"

　　"臣不敢逃亡，臣是追赶逃亡的人了。"

　　"何人？"

　　"韩信。"

汉王听丞相说所追赶的是韩信，大惑不解，以为丞相在骗他，又开口骂道："将领逃亡的有十多人，您都不去追赶；说什么追赶韩信，这是撒谎。"

"大王，那些逃亡的将，都是容易得到的人；至于对韩信这样的杰出将才，普天下找不出第二个来。大王如果是想长久地称王汉中，韩信确实是派不上什么用场；如果是想争夺天下，非韩信找不出第二个可以共商大事的人。这就看大王是怎么决策了。"

汉王这才想起丞相曾多次谈到韩信的才能，自己总是没有当回事；这次见丞相不待禀报连夜把韩信追赶回来，感到韩信如不是真的有些本事，丞相怎会如此器重他。想到这里，汉王便心平气和地回答丞相的发问："我当然是想要向东发展，怎能闷闷不乐地总是待在这里。"

"大王如果是决计东征，能重用韩信，韩信会留下来；如不能重用韩信，他迟早还是要逃亡的。""我要任命他为将，"汉王说。"虽任命为将，也不一定留得住韩信。"萧何答。

"那我就任命他为大将。"

"这可太好不过了！"

于是，汉王便要派人召见韩信，拜他为大将。这时，萧何赶忙阻拦说："大王向来对部下傲慢无礼，今日任命大将像召唤小孩子一般，这正是韩信所以离去的原因啊。大王如果决心任命韩信为大将，要选择个良辰吉日，事先斋戒，设立拜将的高坛和广场，拜将的礼仪要隆重而完备，如此方才可以。"

汉王答应了萧何的要求，向全军宣布了举行任命大将典礼的日期。

　　此项命令宣布后，全军一片欢腾且不说那些士卒们想要知道谁会被拜为大将，观看从未见过的拜将典礼究竟是个怎样的场面，开开眼界；而那些跟随汉王转战南北，屡建战功的将领们，更是抑制不住内心的喜悦。有不少将领都认为自己的战功最高，盼望着届时被任命为大将。

　　直到举行拜将典礼的前夕，究竟准会被任命为大将，这对全军将士们来说，还是个谜。

　　六月的一天上午，南郑城中的绣兵场上，四周的无数西赤色军旗迎风招展，手持长矛的卫士笔直地站在技场的四周。校场的北面是新建筑的拜将高坛，坛下有侍前卫士把守。清晨，参加典礼的兵甲卒列队入场；不久，众将领也都陆续来到坛场，依次立于高坛之下，面坛而立。

　　时辰一到，鼓乐齐鸣。此刻，汉王已坐于高坛的正席之上，面南而坐；丞相萧何坐于西侧，面东而坐。鼓乐过后，传令官在坛上高声宣读汉王命令。

　　汉王有令："拜韩信为全军统兵大将"。

　　"召韩信登坛受拜为大将。"

　　校场上的众将领听说拜韩信为大将，无不感到惊讶。他们都怀疑自己的耳朵是不是听错了，有的将领甚至不知道或没有见过这位毫无军功，并未曾统兵作战的都尉。

　　就是这样一位未曾统兵的都尉南征北战，攻城拔寨，为汉王室立下了赫赫战功，其军事才能也得到了淋漓尽致的发挥，"明修栈道，暗度陈仓"成为军事史上一次典型的、名垂千古的战例，多为后人所效仿。

　　我们不妨做这样的一个假设，如果刘邦不拿出"大将军"这块牌子，能把韩信留下来吗？韩信不留，天下还能归刘氏吗？即使答案不是完全否定，至少增加了很多不确定性。

以坦诚的态度迎接、对待贤才

有用的人才，是一个人成功的巨大杠杆。对于一些闻名已久的人才，要真诚地渴慕，欢迎人才，接纳人才，使用人才，关心人才，方能有朝一日罗至手中。

在发兵决定战袁绍之前，曹操到泰山庙去拜访高僧，询问中原有哪些贤人。老和尚不敢泄露天机，给他一个锦囊，说："你进驻中原以后，如有人出来敢提名道姓骂你，你一看这锦囊便知。"

曹操密藏锦囊，统率大军浩浩荡荡杀奔中原而来。所到之处，鸡犬不留，路断人稀。到了许昌之后，发现这里是藏龙卧虎之地，就传令三军，安营扎寨。军帐设在北门内一个名叫景福殿的庙里。曹操有个没出五服的弟弟曹仁，带着亲兵四下抢夺，弄得百姓惶惶不安。三天以后，四个城门上忽然都贴出一张帖子，上边写着："曹操到许昌，百姓遭了殃；若弃安抚事，汉朝难安邦。"下边落款是四个大字："许昌荀彧"。

曹操知道了，气得咬牙切齿。正想下令捉拿荀彧，猛然想起僧人赠的锦囊。急忙拆开来看，一张白纸上写着几行大字：

开口就晌午，日落扁月上。

十天头长草，或字三撇旁。

才过昔子牙，谋深似子房。

这是一首藏意诗。曹操左看看，右看看，翻腾了半天才解开其中秘诀：开口就晌午，开口系言，晌午取午，言午是“许”字；日落扁月上，日在上，扁月在下，像个“昌”字；十天头长草，十天为一旬，旬加草字头，是个“荀”字；或字三撇旁，是个“彧”字。顿时醒悟过来，高兴地说：“许、昌、荀、彧，原来有子牙、子房之才，我一定要把他请出来。”

荀彧是颍川郡颍阴人，因不满朝廷，在家过着隐士生活。他听说曹操智勇双全，又能重用人才，早想投奔曹操，又怕不安全，就写了这张帖子，来试探一番。

曹操立即派曹仁去请荀彧。荀彧故意拒门不出。曹仁非常生气，添油加醋地说荀彧如何藐视曹操，建议把他杀了。

曹操呵斥道：“大胆奴才，杀了他等于砍了我的臂膀，你知道吗？”

那时正是腊月天，朔风凛冽，滴水成冰。曹操求贤心切，冒着严寒，亲自出马，来到聚奎街荀彧府第，只见大门落锁。等了好久，不见有人。曹操不顾胡子上结了冰凌，又赶到奎楼街荀彧的另一府第。管家又对他说，主人到许昌打猎去了。曹操两访不遇，并未烦恼，仍耐心求访。

一天，曹操访得荀彧到城东北八柏的祖坟去扫墓了，就备下礼物，前往凭吊。曹操来到坟前，看见一个青年，二十几岁，姿态风流，仪表堂堂，正在专心致志阅读《孙子兵法》，头也不抬。忽然一阵风起，把书吹落在地。曹操急忙上前捡起，恭恭敬敬递上，施礼说："荀公安康！"荀彧却闭目问道："先生是何人？来此做什么？"曹操说："我是谯郡曹孟德，来请荀公共扶汉室江山。"荀彧冷冷一笑说："我是一个普通百姓，不懂治国大事，先生另请高明吧！"曹操赔笑说："久闻先生胸藏经天纬地之术，腹隐安邦定国之谋，我非先生不请。"荀彧说："不怕我骂你吗？"曹操连连点头，说："骂得有理，多骂才好。"荀彧又推说患有腿疾，不能行动。曹操便亲自牵来良马，扶荀彧骑上，前呼后拥，迎入景福殿中。

人才一旦来奔，曹操总是真诚地欢迎，常有相见恨晚之感。官渡之战中许攸弃袁绍来奔，曹操来不及穿鞋，光着脚匆忙出迎，就是一个突出的例子。重要的人才来奔，曹操都要尽快亲自接见，询问方略，听取建议，表达礼敬之忱。对于那些反对过自己的人，只要转变态度，曹操也能宽大为怀，不念旧恶，并委以一官半职。比如陈琳，在官渡之战前夕为袁绍起草了一篇讨伐曹操的檄文，历数曹操的种种"罪恶"，其中有的是事实，有的则不一定是事实。如说曹操亲率将士盗墓，"破棺裸尸，掠取金宝"，军中还设有"发丘中郎将"、"摸金梭尉"等官职，专事盗墓，似乎就是事实。而指责曹操曾盗梁孝王墓，则不一定是事实。还有说曹操的祖父曹腾是宦官，父亲曹嵩是领养的，而曹操则是"赘阉遗丑"，揭曹操出身的老底，就更有人身攻击之嫌。汉末宦官由于数度操纵朝政，残害士人，名声很坏；汉代又看重门第，陈琳把曹操骂到父祖，比骂本人在感情上更难接受。但是，曹操对陈琳如此的"恶毒攻击"，在打败袁绍后得到陈琳时，却只是责备陈琳说：

你过去为袁本初写檄文，骂我也就行了，不是说憎恨邪恶只限于本身吗？怎么往上牵扯，骂到我父亲、祖父的头上去了呢？

陈琳赶紧向曹操赔罪。曹操爱才，不但没有杀他，还任命他为司空军谋祭酒。这是曹操不念旧恶的一个突出例子。

人才来奔后，曹操一般都能安排适当职务，放手使用，在工作中注意虚心听取他们的建议，有了成绩及时给予肯定，有了功劳及时给予奖赏。曹操本性多疑，但在使用中却常能信人不疑，不轻信谗言，不轻易处罚。蒋济被人诬告谋反，曹操不仅不信，相反还将蒋济提升为丞相主簿西曹属；程昱因性情刚戾，得罪了不少人，结果被人诬告谋反，曹操得知后，仍对他加以重用。建安十八年（公元213年），东郡朱越谋反，诬陷黄门侍郎卫臻与他同谋，曹操同样不信，但为慎重起见，让荀彧进行调查，经过调查，弄清了真相，得出了正确的结论。

卫臻是卫兹之子，曹操在陈留起兵时，得到过卫兹的资助，对卫兹父子十分了解，因此从一开始就不相信朱越的诬陷。经过荀彧的调查，更完全明白了卫臻的忠诚。不久，曹操把卫臻留在身边做了参军事，并赐爵关内侯。

对那些享有声望的名士，曹操就更要宽容一些。邴原在青州与儒学大师郑玄齐名，超脱世俗，清高自许，公孙度曾称之为"云中白鹤"，认为不是用捕捉鹎鹦的罗网所能罗致的。投归曹操后，曹操任命他为东阁祭酒，对他的态度十分谦恭。建安十二年（公元 207 年）冬，曹操北征乌桓回到昌国，设宴招待士大夫。酒喝到半酣时，曹操说：

"我这次凯旋，驻守邺城的诸君肯定都会前来迎接，今天或者明早，大概就都到了。不会前来的，只有邴祭酒吧？"

谁知话刚说完，邴原却先到了。曹操得到报告，大为惊喜，立即起身，远远出迎。见到邴原后，曹操说："贤人实在是难以预料啊！我本来估计您是不会来的，谁知您却屈驾远远地赶来了。这实在是满足了我的渴盼之心啊！"

邴原离开曹操后，军中士大夫前去拜访的多达数百人。曹操知道邴原名高望重，从此以后对邴原更加敬重。

邴原虽有公职，但却常以有病为由，高卧家中，不仅不理事，连面也很少露。这样一来，不免要产生一些副作用。名士张范，也想学邴原的清高，曹操特地为此下了一道手令：

邴原名高德大，清规邈世，魁然而峙，不为孤用。闻张子颇欲学之，吾恐造之者富，随之者贫也。

"造之者富，随之者贫"，意谓开创者能够得到大名，跟着学的人就将一无所获了。对张范进行了婉转含蓄的批评。这说明曹操对邴原之所以特别宽容、特别敬重，是为了充分利用他的声望和影响，争取到更多的士人。但他并不希望人们去学习邴原的清高，他所希望得到的是热衷事业、有实际才能的干才。

曹操对人才的坦诚态度，还表现在他对部属生老病死乃至对其家属子女的关心上。郭嘉病重时，曹操派去探视的人一个接着一个。贾逵长了瘿（颈部的囊状瘤子），越长越大，打算找医生割掉，曹操很不放心，专门给贾逵下了一道手令：

> 谢主簿：吾闻"十人割瘿九人死"。

要贾逵对开刀一事采取十分慎重的态度。蒯越临终前，把家属托付给曹操，曹操立即回了信：

> 死者反生，生者不愧。孤少所举，行之多矣。魂而有灵，亦将闻孤此言也。

《公羊传·僖公十年》载，晋献公有病将死时，问荀息士人怎样才算是守信用。荀息回答说："使死者反生，生者不愧乎其百，则可谓信矣。"曹操化用其意，表示自己将不负蒯越所托。曹操还表示，他年青时所推举的人，很多是这样做的，意在说明他自己一直是赞同和提倡这样做的。

郎中令袁涣（字曜卿）死后，家无余财，曹操先后下了两道手令，抚恤他的家属。充分表达了自己对部属的那一份特殊的情意。

部属死后，曹操常常为之痛惜，特别是对重要僚属的死亡，曹操更是哀恸不已，往往亲临吊唁，追赠加封，惠及子孙。曹操对郭嘉、荀攸之死所表现的态度，便是其中突出的例子。

　　曹操以坦诚的态度渴慕人才，欢迎人才，接纳人才，使用人才，关心人才，真正让人体会到了曹操是"我有嘉宾，鼓瑟吹笙"。这无疑会收到很好的效果。曹操一生能够罗致大批人才，这些人才能够忠诚于曹操的事业，充分贡献自己的聪明才智，为曹操战胜对手、统一北方做出了贡献，绝不是偶然的。

第二章
纳谏：兼听兼信才能做出正确决策

一个人的智慧是有限的。决策是由管人者最后做出，但这个决策绝不应只经过一个大脑的思考和过滤，而应经过不同角度的碰撞，这样得出的结论才更成熟，更经得起考验。所以对于管人者来说，倾听不同人的声音——哪怕是批评和怨言也是十分有益的，只有兼听而非偏听，兼信而非偏信，决策才能建立于正确的基础上。

认识到错误就立即改正

管人者千万别把自己当成圣人，事实上圣人也会犯错误。失误的决策造成的后果会很严重，与其品尝这种恶果的滋味，不如老老实实地改正错误，管人者的形象只会因此变得更加高大。

秦王嬴政亲政后不久，做过一件非常糊涂的事情，这就是他下达了一道违反秦国传统做法和其本人执政方针的命令——"逐客令"，欲将六国在秦任职的客卿全部赶走。不过，在李斯的劝谏下秦王嬴政最终撤销了此命令，没有对操纵各诸侯国的统一大业造成危害。

是什么原因使得嬴政一反常态，改变了秦国长期奉行的人才引进政策而下达这项命令呢？原来是东方国家对秦国施行反间计的结果。

战国七雄中韩国实力最为弱小，又紧邻秦国，是秦国进行统一战争的首选目标。韩国国君安实在不愿意轻易将祖宗传下来的"锦绣江山"拱手让人，于是便把当时著名的水利专家郑国找来，让他肩负间谍的使命西入秦国，游说秦王兴修水利，企图以此消耗秦的国力，转移秦国的注意力，改变韩国行将灭亡的可悲命运。

秦王政十年（公元前237年），嬴政亲政第二年，郑国来到秦国，欲替垂死的韩国尽一点力量。在政治上已经稳固住自己地位的嬴政正想为秦国的经济发展做些事情，听了郑国的计划，觉得对秦国有利，于是立即征发百姓，由郑国主持在关中东部兴修一条引泾水东注洛河的水渠。

郑国主持修建的这条水渠，计划全长三百多公里，建成后可以溉田四万多顷，工程浩大，确实会占用秦国不少人力、物力，但关中河道则可以改造得更加合理，水渠建成后遍布关中的咸卤地将会变成良田耕地，所以秦王嬴政即便没有识破韩王安的计谋，他所做出的这项决策也没有错。这项决定也符合秦国一贯的重农政策。

只是韩王安低估了秦国的综合实力。尽管秦国投入了大量的人力、物力兴修这条水渠，但是丝毫也没有影响秦军的东攻计划。而且，当时在秦国兴修的大规模土木工程并不止此一项，譬如秦王嬴政的陵墓就在修建中，这项规模巨大的工程一直到秦始皇死时都没有完成，它常年用工在十几万甚至更多。

夜长梦多，最后，韩王安的阴谋终于让嬴政发现了，不善制怒的嬴政暴跳如雷，立即命人将郑国抓来，要问刑处死。嬴政气得发昏，朝中一帮长期不受重用的宗室大臣们觉察出这是一个难得的重秉朝政的好机会。因为，长期以来，秦国一直坚持"客卿"政策——至少欲有所作为的秦国君主都施行此政策——重用东方有才之士，或委以重任高位，或任为客卿随时谘问，宗室贵族在政治上都没有过高的地位，本国官吏若无大才也只能充任一般职务，掌不了大权。这项制度是秦国自商鞅变法以后长期保持勃勃生机的重要原因，也是秦国最终统一六国的政治保证之一。

看到秦王怒气冲天，宗室大臣们乘机进言，称："各诸侯国来秦国谋事的人，大抵都是为了他们各自的君主而游说秦国、做间谍的，请您务必将他们全部驱逐出境。"年轻气盛的嬴政犯了急躁的毛病，没有冷静地思考，便糊里糊涂地接受了这个建议，立即下达了"逐客令"。

李斯的名字被列在驱逐的名单之中。李斯是楚国上蔡（今河南上蔡）人，曾追随当时著名的思想家荀子学习"帝王之术"，与韩非同窗，学成以后西入秦国欲施展一番抱负。他因建议对东方六国施用反间计，拉拢了不少各国的名士，受到秦王嬴政的赏识，被拜为客卿。

"逐客令"一下，秦兵立即堵在各宾客的家门口，不许申诉，押送他们即刻离都。在被秦兵押解出境的途中，李斯乘隙写成一部劝谏书，并设法请人送入宫中，向秦王进谏。

秦王嬴政读过李斯的上书，马上明白自己错了，他赶忙下令收回"逐客令"，并派人从速追回李斯，让他官复原职。

嬴政这种知错就改、见贤求教的特点，是其成为中国最杰出的"英雄"人物之一的基础，也是他操纵能力的重要表现。实际上，秦始皇嬴政的残暴只施加于两种人之身：一是百姓——依法家理论根本不用关心、考虑的小人；二是他所愤恨的人，如、行骗的方士，还有敌人等。而对于他所敬重的人或对其有用的人，则只有威严，不施暴行，所以对茅焦、对李斯、对尉缭、对王翦等，尽管他们多有"不恭"之辞或举动，但嬴政从未想过要加害于他们，甚至连累官免职的事情也没有，相反，始终重用不疑。这就是嬴政与众不同之处，后世帝王能做到这一点的几乎没有，包括唐皇李世民，对魏徵不是时有微词，就是动辄要杀他的头。依嬴政的性格特点看，能做到这一点是十分不容易的。嬴政的这一性格特点，是他比同时代的诸侯国君主更具威力的原因之一。

现在，李斯在秦王的脑海中再也抹不掉了。秦王为自己这个时代秦国又有了一个不可多得的人才而兴奋不已，也为自己因一时之气而险些将秦国推入不测之地而深感后怕。因此，秦王对李斯言听计从。李斯则平步青云，很快官至廷尉，执掌刑狱，并且在秦朝建立后不久升任为丞相。

"逐客令"撤销了，而对于那个险些使秦王铸成大错的韩国水利专家郑国，秦王嬴政仍不依不饶，非欲处死以泄其恨不可。幸好，郑国也是一个善辩之徒，他对秦王说：此渠修成后，对秦国具有万世之利，关中许多不毛之地将辟为沃野。已经头脑冷静的秦王一听，觉得有理，于是不再加罪，命令郑国继续主持工程。经过数年的艰辛，水渠终于建成，从此关中瘠薄之地变成膏腴良田，灾荒减少，秦国的经济实力进一步提高，直至最终平灭东方六国。

秦始皇在历史上给我们的印象是粗暴、残忍、独断，但是他有其十分可贵的一面，就像撤销"通客令"一样，一旦认识到自己错了，他绝不扭扭捏捏，而是雷厉风行地改正。这是决策者一种高度自信的表现，这样的事在嬴政身上发生过不止一次。

秦王嬴政亲政以后，因太后苟且事败怒而迁之雍城，此事在秦国一时间闹得沸沸扬扬，举国上下议论纷纷，不赞成的人为数不少。余怒未消的秦王嬴政又下令："有敢以太后之事劝谏者，乱刀砍死，并以蒺藜（带刺的刑具）划刺其脊背和四肢，尸体堆在宫门外示众。"能以如此残酷的刑罚对待自己的臣下，年轻的嬴政的确不是善良之辈。谁知自古忠臣不畏死，仍有27位大臣冒死进谏，但都是空有忠臣之心而无善言之口，嬴政毫不留情地将这些敢于"以身试法"的人统统杀死，27具尸体都堆在宫门外。

杀死了这么多人，仍然有人敢继续以自己的口舌赌命，这次来的人叫茅焦。茅焦原是齐国人，不知何时西入秦国，也不知有何才能，虽被拜为客卿，但在政治上一直未显峥嵘，始终默默无闻，不过这次该他露脸了。与茅焦住在一起的宾客，听闻他进宫上言，吓得卷起铺盖逃之夭夭。

　　接到茅焦求见的报告，也许是已经杀了 27 个人使秦王嬴政感到有些厌烦，这回他稍微客气了些，先派使者出殿提醒道："不许以太后之事进谏。"茅焦回答："正是为此事而来。"嬴政命使者警告茅焦："你没有看到宫门外的尸体吗？"茅焦答："我听说天上有二十八宿，如今已经死了二十七个人，我来就是要凑够二十八之数。我不是怕死的人！"听到使者的回报，秦王嬴政火冒三丈，大怒道："这小子是故意来违背我的命令的，速速加热鼎锅把这家伙煮了，我看他如何横尸宫外去充数？马上召他进宫！"说完，按剑而坐，气得满嘴翻白沫。左右全都惊恐万分，为茅焦捏着一把汗。

　　茅焦进殿，不慌不忙地行过礼，对秦王说："我听说长寿的人不忌讳死亡，享国之人不忌讳亡国；忌讳死亡的人命不久，忌讳亡国的人不能保全。死生存亡之事，都是圣明之君迫切要听到的，不知陛下是否愿意听一听？"秦王怒容微敛，问："此话怎讲？"茅焦更加放胆地说："陛下有狂乱乖戾的举动，陛下自己不知道吗？"闻听如此犯上之言，秦王反倒平静了，他问："都有哪些？我愿意听你说一说！"于是，茅焦历数秦王的过错，说："陛下车裂假父（指），有嫉妒之心；摔死两弟，有不慈之名；迁母于咸阳宫，有不孝之行；划刺谏士，有桀、纣之举。天下人听说这些事情，就会瓦解四散，没人再倾向秦国了。我怕秦国会因此灭亡，所以替陛下感到很危险。我的话讲完了，请用刑吧！"说罢，除去衣服，伏在刑具上。

　　茅焦把秦王嬴政亲政以来所做事情几乎全都否定了。然而他的话很有道理，因为尽管此时秦国军事力量强大，东方六国已经阻止不了秦国统一的进程，但是人心的向背仍然是不能忽视的大问题，它对秦国统一大业的进行起着阻碍或推动作用。为了减少统一的阻力，加快统一的进程，必须尽最大可能争取人心，赢得政治上的主动，这一点年轻的国王嬴政认识得很清楚。所以，虽然怒气冲天但还不糊涂的嬴政听了这一席话，立即转怒为喜。他亲自下殿，一边扶起茅焦，一边说："赦你无罪！请先生穿上衣服，我愿意向你请教。"随后拜茅焦为自己的仲父，封爵为上卿。

这就是嬴政的特点，只要言语切中时弊，击中要害，只要对统一有利，对他的统治有利，他都会非常高兴，而且百分之百乐意接受。所以，嬴政决不是不会纳谏或拒绝纳谏的君主，而恰恰是会纳谏和善于纳谏的君主。他有残暴、冷酷的一面，也有近人情、通人性的一面。茅焦正是摸准了他的脾气，所以才敢大胆进宫，敢于出言不逊。

见秦王怒气全消，茅焦进一步劝谏："秦国正在图并天下，而大王有迁徙母太后的劣名，恐怕天下英雄听说，因此而背叛秦国了。"秦王一听现在只有此事尚可挽回，立刻套车挂马，亲率千乘千骑，赴雍城接母。太后极为高兴，回到咸阳后设酒宴款待茅焦，席间对茅焦赞赏有加，她一迭声地说："矫枉过正，转败为胜，安定秦国的江山社稷，使我们母子重新相会，这都是茅君的功劳啊！"

秦王嬴政接受茅焦的进谏，将母亲从雍城接回咸阳，此举毫无疑问会给他带来很大的积极效应，至少在秦国内部可以起到操纵人心、安定胜局的作用，对统一肯定是有裨益的。

放下身架向事实低头

有的人嘴硬，硬到事实面前不弯腰，这是典型的死要面子活受罪。因此，管人者具备宽宏的气度，往往比具备某项特殊的才能更为重要。

作为一个帝王，拥有至高无上的权力，可以为所欲为，没有人敢轻易去指出他的对与错，但是，秦始皇却能迅速主动地改正自己的过错。最能体现他闻过即改特点的，是换用老将王翦灭亡楚国、消灭秦国最后一个劲敌这件事。

王翦是秦国名将，频阳东乡（今陕西富平东北）人，曾先后领兵平定赵、燕、蓟等地。

王翦之先出于姬姓周朝的国姓。东周灵王的太子晋因为直谏而被废为庶人，其子宗敬为司徒，时人称为"王家"，因以为氏，从此改姓王氏。王翦"少而好兵，始皇师之"。王翦用兵多谋善断。他还是嬴政的军事老师。

秦王嬴政二十一年（公元前 226 年），在灭亡韩、赵、魏，迫走燕王，多次打败楚国军队之后，秦王嬴政决定攻取楚国。发兵前夕，秦王嬴政与众将商议派多少军队入楚作战。青年将领李信声称：不过用二十万人。而老将王翦则坚持：非六十万人不可。李信曾轻骑追击燕军，迫使燕王喜杀死派荆轲入秦行刺的太子丹，一解秦王心头之恨，颇得秦王赏识。

听了二人的话，秦王嬴政认为王翦年老胆怯，李信年少壮勇，便决定派李信与蒙武率领二十万人攻楚。王翦心中不快，遂借口有病，告老归乡，回到频阳。

秦王嬴政二十二年（公元前225年），李信、蒙武攻入楚地，先胜后败，"亡七都尉"（《史记·王翦列传》），损失惨重。楚军随后追击，直逼秦境，威胁秦国。秦王嬴政闻讯大怒，但也无计可施，此时他才相信王翦的话是符合实际的。但王翦已不在朝中，于是秦王嬴政亲往频阳，请求王翦重新"出山"。他对王翦道歉说："寡人未能听从老将军的话，错用李信，果然使秦军受辱。现在听说楚兵一天天向西逼近，将军虽然有病，难道愿意丢弃寡人而不顾吗？"言辞恳切，出于帝王之口，实属不易。但是王翦依然气愤不平，说："老臣体弱多病，脑筋糊涂，希望大王另外挑选一名贤将。"秦王嬴政再次诚恳道歉，并软中有硬地说："此事已经确定，请将军不要再推托了。"王翦见此，便不再推辞，说："大王一定用臣，非六十万人不可。"秦王嬴政见王翦答应出征，立刻高兴地说："一切听凭将军的安排。"

秦王嬴政二十三年（公元前224年），秦王嬴政尽起全国精兵，共60万，交由王翦率领，对楚国进行最后一战。他把希望全部寄托在王翦身上，亲自将王翦送至灞上，这是统一战争中任何一位将领都未曾得到过的荣誉。嬴政与众不同的性格再次显露出来，他知错就改、用人不疑的品性，使他再次赢得了部下的信任，肯为之卖命。

受到秦王如此信任和厚爱，对荣辱早已不惊的王翦丝毫没有飘飘然之感，他知道，秦国的精锐都已被他带出来了，而如果得不到秦王的彻底信任，消除他的不必要的顾虑，自己在前方是无法打胜仗的，而且他本人和全家乃至整个家族的命运都不会有一个完美的结局。所以，当与秦王分手时，王翦向秦王"请美田宅园甚众"。对此，秦王尚不明白，他问："将军放心去吧，何必忧愁会贫困呢？"王翦回答："作为大王的将军，有功终不得封侯，所以趁着大王亲近臣时，及时求赐些园池土地以作为子孙的产业。"秦王听后，大笑不止，满口答应。大军开往边境关口的途中，王翦又五度遣人回都，求赐良田。对此，秦王一一满足。有人对王翦说："将军的请求也太过分了吧！"王翦回答："不然！秦王粗暴且不轻易相信人。如今倾尽秦国的甲士，全数交付我指挥，我不多请求些田宅作为子孙的产业以示无反叛之心，难道还要坐等秦王来对我生疑吗？"

王翦不仅会用兵，而且深知为臣之道，他摸透了秦王嬴政的为人品性，所以采取了"以进为退"的策略，以消除秦王对自己可能的怀疑之心。同时，从王翦的话语中可以看出，秦国的制度是十分严密的，王翦率领全部精锐远出作战，不仅不敢生反叛之心，反而一而再、再而三地向秦王表示不反之心。不是不生，而是不能也。秦国严密的维护君权的制度，使得任何人不敢造次。

王翦不负重托，经过一年的苦战终于灭亡了楚国。

从对王翦在灭楚问题上前后态度的变化，显示了秦王嬴政所具备的非凡的操纵才能。这种素质和才能不是每一个人都具备的，也不是每一位君主或最高领导人所能够具备的，它们是秦王嬴政得以实现统一中国目标的基本保证。所以秦始皇能够灭六国、统一中国不是偶然的。

秦王嬴政用王翦代替李信取得了灭楚战争的胜利，但是对于曾大败于楚军、令秦军备受耻辱、使秦王嬴政极为恼怒的李信，秦王嬴政并没有给予任何处罚，不仅没有给予任何处罚，相反仍用之不疑。后来，秦王嬴政派李信与王翦的儿子王贲进攻败退到辽东的燕王，生擒燕王；之后，还攻代，得代王；最后攻入齐国，再擒齐王。得胜回朝后李信因功而受封为陇西侯。

打了败仗而不受处罚，还能戴罪立功，取得骄人的战绩，最后因功封侯，这是秦王嬴政用人之道取得成功的又一典型事例。为什么秦王嬴政对李信情有独钟，给予如此的厚爱？要是他能对每一个战败的将领都能以此态度对待的话，桓还会因在赵国败于李牧而逃亡吗？问题的答案恐怕还是从秦王嬴政本人是年轻人，李信也是年轻人，二人之间更能沟通和相互理解这个角度解释更合理一些。同时，秦王嬴政看出了李信的才能，所以对他破例。另外，李信为秦王嬴政带回了令其痛恨不已的燕太子丹的首级，恐怕也是秦王嬴政不处罚李信的重要原因之一。尤其是李信在那次战斗中所表现的勇猛敢战的精神，给秦王嬴政的印象太深刻了。

能够容忍别人犀利的指责

有的管人者面对下属的不同意见或指责时，心里也清楚别人讲的话是事实，有道理，但就是不能容忍人家"大不敬"的态度，并为此放弃改正错误的机会。殊不知，只有那些能够容人，尤其能容难容之人的人，才值得别人尊敬。

侯生，韩国人，史佚其名，原为秦始皇信任的方士。秦始皇三十二年（公元前215年），秦始皇曾派他与韩终、石生"求仙人不死之药"。

韩终、石生都是秦时的方士。据说韩终曾经不穿衣服，只着菖蒲（一种植物），长达三年之久，以致身上都生了毛，以后冬天再冷他也不怕。还说他能"日视书万言"，并且都能背诵出来。石生则仅见于《史记·秦始皇本纪》之中。接受秦始皇的命令后，二人便均不知所终。也许死于咸阳"坑儒"的四百六十余人当中，也许逃亡他地。

侯生虽受秦始皇信任，但他知道自己是提着脑袋过日子，弄一些连他自己都不相信的东西欺骗秦始皇，早晚是要被识破的。于是，秦始皇三十五年（公元前212年），侯生与另一个方士卢生一合计，决定"三十六计走为上"，跑了。临行前散布了一堆秦始皇不爱听的话，称："始皇为人，刚愎自用；灭诸侯，并天下，意得欲纵，以为自古没人比得上自己；专任狱吏，狱吏得亲幸；博士虽七十人，只是备员而不用；丞相诸大臣都是接受已经决定好的事情，在皇上的指示下进行办理。皇上乐以刑杀为威，天下都畏罪持禄，不敢尽忠。皇上听不到自己的过错，一天比一天骄傲，臣下则慑伏谩欺以取容。秦法，不得一个人兼行两种巫术，不灵验的就处死。但是候星气占卜者多达三百人，都是良士，他们畏忌讳谀，不敢直言皇上的过错。天下之事无小大都由皇上来决断，皇上批阅文件用衡石来称量，每天都有限额，不达到定额不休息，贪恋权势到如此程度，不可以为他求仙药。"这番话的结果，是酿成了四百六十余人被坑杀的悲剧。

侯生、卢生知道自己犯了死罪，为了缩小目标，便分头逃亡。卢生一去再无音信，不管有何传说，反正秦始皇再没见过他。而侯生不知何故，是过不惯逃亡的日子？是舍不下亲人？还是对四百六十余人的死感到内疚？居然壮着胆子又回来了。

秦始皇获知侯生回来了，立即下令将其拘来见自己，准备痛骂一顿后车裂处死。为此，秦始皇做了一番精心的准备，特意选择在四面临街的阿东台上怒斥侯生。这里能够让许多人都看得见、听得着，可以起到杀一儆百的作用。当始皇远远望见侯生走过来时，便怒不可遏地骂开了："你这个老贼！居心不良，诽谤你主，竟还敢来见我！"周围的侍者知道侯生今天活不成了。

侯生被押到台前，仰起头说："臣闻，知死必勇。陛下肯听我一言吗？"始皇道："你想说什么？快说！"于是，侯生鼓动起嘴巴说道：

"臣闻：大禹曾经竖起一根'诽谤之木'，以获知自己的过错。如今陛下为追求奢侈而丧失根本，终日淫逸而崇尚末技。宫室台阁，连缀不绝；珠玉重宝，堆积如山；锦绣文采，满府有余；妇女倡优，数以万计；钟鼓之乐，无休无止；酒食珍味，盘错于前；衣裘轻便和暖，车马装饰华丽。所有自己享用的一切，都是华贵奢靡，光彩灿烂，数不胜数。而另一方面，黔首（秦时对不做官之人的称呼）匮竭，民力用尽，您自己还不知道。对别人的指责却恼怒万分，以强权压制臣下，以致下暗上聋，所以臣等才逃走。臣等并不吝惜自己的性命，只是惋惜陛下之国就要灭亡了。听说古代的圣明君主，食物只求吃饱，衣服只求保暖，宫室只求能住，车马只求能行，所以上没有看到他们被天所遗弃，下没有看到被黔首抛弃。尧时茅屋顶不修葺，栎木房椽不砍削，夯土三级为台阶，却能怡乐终身，就是因为少用文采、多用淡素的缘故。丹朱（尧之子）傲慢肆虐，喜好淫逸，不能修理自身，所以未能继承君位。如今陛下之淫，超过丹朱万倍，甚于昆吾（夏的同盟者）、夏桀、商纣千倍。臣恐怕陛下有十次灭亡的命运，而没有一次存活的机会了。"

听了这番话，始皇默然良久，之后缓缓说道："你何不早言？"侯生回答："陛下的心思，正在飘飘然欣赏自己的车马服饰旌旗之物，且自认有贤才，上侮五帝，下凌三王；遗弃素朴，趋逐末技，陛下灭亡的征兆已经显露很久了。臣等生怕说出来也没有什么益处，反而自己送死，所以逃亡离去而不敢言。现在臣必定要死了，才敢向陛下陈述这些。这番话虽然不能使陛下不灭亡，但要让陛下知晓明白为何灭亡。"始皇问道："我还可以改变这一切吗？"侯生回答："已经成形了，陛下坐以待毙吧！如若陛下要想有所改变，能够做到像尧和禹那样吗？如果不能，改变也毫无意义。陛下的佐助又非良臣，臣恐怕即使改变也不能保存了。"始皇听后长长地叹了一口气，下令将侯生放掉。

侯生逃亡之事发生在秦始皇统治末期，虽然秦始皇当时不过四十六七岁，尚属英年，但他已经取得了骄人的功绩，头脑热胀，目空一切，犹如侯生所说，不太能清醒地正视自己。即便如此，在对待侯生的态度上，我们还是能够看出秦始皇纳谏的勇气，说明他还不糊涂。尤其是在盛怒之下，在听了侯生一番大逆不道的言辞以后，秦始皇居然能将他放走，从秦始皇的性格上分析似乎不太可能，但是从他一贯的用人之道来分析，秦始皇往往能在盛怒之下控制自己的感情，当然对方必须是言之有理，话必须说到点子上，否则必有杀身之祸。

虚心向下属求谏

> 一个"求"字重有千钧。求不是被动地接受，而是主动寻求，可贵的是管人者所寻求的对象是自己的下属。天下能做到这一点的能有几个？而能做到这一点的又有几个不是留名青史的明主呢？

正因为懂得非集思广益难以治理一个大国，李世民才急切地求谏，而求谏就牵动了求人，求谏求人是互为关联的，因为有人才有"谏"。

由于李世民平日仪表威严，常使朝见的百官举止失措。当他了解此事后，每次召见朝事者，都尽量做出和颜悦色的样子，以希望听到欠臣谏言，了解政教得失。

贞观初年，李世民曾对王公大臣说："人想要看清自己，必须靠明镜鉴别；君主想要知道自己过失，必须依靠忠臣指正。如果君主自人为贤明，臣子又不加指正，要想国家不亡，怎么可能呢？若君主丧其国，大臣也难保其家。隋炀帝暴虐凶残，大臣都闭口无言，使他听不到别人指正自己的过失，最终导致亡国。虞世基等大臣不久也遭诛杀：前事不远，你们一定要加以借鉴，看到不利百姓之举，一定要直言规劝。"

李世民还对身边的大臣说："正直之君如用邪恶之臣，国家就无法太平；正直之臣若事邪恶之君，国家也无法太平。只有君臣同时忠诚正直，如同鱼水，那天下才能平安。朕虽然并不聪明，但有幸得到各位公聊的匡扶指正，希望凭借你们正直的谏议帮助朕把天下治理太平。"

谏议大夫王桂听皇上这样说，便进言道："听说木从墨线则直，君从进谏则圣。所以古代圣明的君主一定至少有七位谏官。向君主进谏，不予采纳就以死进谏。陛下出于圣明的考虑，采纳愚鄙之人的意见。愚臣身处这个开明的时代，愿意倾尽自己的全部力量为国效忠。"

李世民对王桂的话表示赞赏。于是诏令：从今以后宰相进宫筹划国事，都要带谏官以参与筹划。谏官们如有好的谏议，朕一定虚心采纳。

贞观二年（公元628年），李世民对身边的大臣说："圣明的君主审视自己的短处，从而使自身日益完善，昏庸的君主则庇护自己的短处，因而永远愚昧。隋炀帝喜欢夸耀自己的长处，遮掩自己的短处，拒听谏言，臣下的确难以冒犯皇上。在这种情况下，虞世基不敢直言劝谏，恐怕也算不得什么大过错，因为商朝箕子装疯卖假以求保全，孔子还称他仁明。后来隋炀帝被杀，虞世基遭株连，这合理吗？

杜如晦对此发表见解，说："天子有了忠诚正直的大臣，虽无道也不会丧失天下。孔仲尼曾说：'春秋卫国大大史鱼，多么忠诚正直啊！

国家有道，他直言上谏；国家无道，仍直言上谏。'虞世基怎么能因为隋炀帝无道而不纳忠言，就缄口不语了呢？苟且偷安占有重要的官位，也不主动辞职隐退，这同殷代微子谏而被拒即装疯逃去，情况和道理都不同啊！"

杜如晦又说："拿昔日的晋惠帝来说吧，当贾后将太子废掉时，司空的张华并不苦谏，只一味随顺苟免祸患。赵王伦发兵废掉了皇后，派人问张华，张华就说：'废掉太子时，我不是没有进言，只是当时未被采纳。'使臣说：'你身居三公（东汉以后，以太尉、司徒、司空合称三公，为共同负责军政的最高长官，张华官任司空，故以三公相称）要职，太子无罪而被废除，即使谏言不被采纳，又为何不引身告退呢？'张华无言以对。于是使臣斩了张华，灭了他的三族。"

杜如晦据此总结说："古人云：'国家危急不去救扶，社稷急危不去匡正，怎能用这种人为相？'所以'君子面临危难而不移气节'。张华逃避责任但也不能保全其身，作为王臣的气节丧失殆尽。虞世基高居丞相，本来占有进言的有利位置，却无一言进谏，也实在该杀。"

李世民听了杜如晦这番大论，十分赞佩，便说："您说得有理。大臣一定要忠心辅佐君主治理朝政，这样才能使国家安定，自身保全。隋炀帝的确就是因为身边没有忠臣，又听不到别人指正自己的过失，才积累祸患、导致灭亡的。君主如果行为不当，臣子又不加匡正劝谏，只一味阿谀奉承，凡事都说好，那君主一定是昏庸的君主，大臣一定是谄媚的大臣。臣为谄媚之臣，君为昏庸之君，那国家离危亡还有多远？以朕现在的志向，正是要使君臣上下各尽其责，共同切磋，以成正道。各位公卿一定要忠于职守，直言进谏以匡正补救朕的过失。朕决不会因为你们的犯颜直谏而对你们怨恨责备。"

李世民对规谏之臣十分感激，谏臣们也为此心情舒畅。

贞观六年（公元 632 年），因为御史大夫韦挺、中书侍郎杜正伦、秘书少监虞世南、卿姚恩廉等人的上书内容，都十分符合李世民的心意，李世民遂召见他们说："朕遍察自古以来大臣尽忠之事，如果遇到明主，便能够竭尽忠诚，加以规谏，像龙逢、比干那样的忠臣，竟然不能避免遭到杀戮而且祸及子孙。这说明，做一个贤明的君主不容易，做一个正直的臣子尤难。朕又听说龙可以被降服驯养，然而龙的颔下有逆鳞，一旦触犯就会伤人。君主也是这样，他的颔下也有逆鳞。你们不避触犯龙鳞，各自进谏奏事，如能经常这样做，朕又何忧社稷的倾覆呢！每想到你们忠心进谏的诚意，朕就一刻不能忘记。所以特设宴招待你们来共享欢乐。"在赐酒欢宴的同时，还赏赐给他们数量不等的布帛。

大常卿韦挺经常上疏李世民，陈述政教得失。李世民写信给他说："朕看了你的意见，感到言词十分中肯，言辞、道理很有价值，对此朕深感欣慰。从前春秋时齐国发生内乱，管仲有射齐桓公衣钩之罪；晋国发生蒲城之役，晋文公有被管仲射中衣带钩之仇。然而，齐桓公小白并不因此怀疑管仲，晋文公重耳对待依然如故，这难道不是出于对'犬不咬其主，事君无二心'的考虑吗？"

他又说："您的真诚之意从奏章之中可以看得出来。你如果保持这种美德，一定会留下美名；如果中途懈怠，岂不可惜！希望你能够始终勉励自己，为后人树立楷模。这样后人视今人如楷模，就像今人视古人为楷模一样，这不是很好吗？朕近来没听旁人指正朕的过失，朕也看不到自己的缺点，全靠你竭尽忠心，多次向朕进献嘉言，以此沃我心田，这种感激之情，是一时无法表达完的！"

正如前面所述，贞观二年，李世民对大臣说："明主思短而益善，暗主护短而永愚。"其实能够认识到这一点，已属相当不易。不但希望别人对他极谏，而还要求大臣官僚们也能接受下属的规谏。贞观五年（公元631年），他对房玄龄说："自古以来，帝王大多纵情喜怒。高兴时滥赏无功，愤怒时则乱杀无辜。所以天下遭受损失和造成混乱，莫不由此而生。朕现在日夜为此事担忧，常常希望你们直言已谏。你们也要虚心听取别人的功谏，不要因为别人的话不合自己的心意，就庇护自己的短处，不去接纳别人的正确意见。如果不接受别人的劝谏，又怎能劝谏别人呢？"

在求谏的同时，李世民还注意把"慎独"同求谏结合起来，将其为封建帝王的修身之道。

贞观八年，李世民对身边的大臣说："朕每次闲居静坐时，都深刻反省，常常害怕自己的所作所为上不合天意，下为百姓不满。想到有正直忠诚的人匡正视谏，以使自己的思想能与外界沟通，百姓不会心怀怨恨而耿耿于怀。近来朕发现前来奏事的人多带有恐怖畏惧之色，致使语无伦次。平时奏事，尚且如此，更何况耿直劝谏的，一定更害怕触犯龙颜。所以每次前来进谏，纵然不合吾意，也不认为是违逆犯上。如果当时对谏者斥责，奏事者会心怀恐惧，那他们又怎敢直陈己见呢？"

此时已是贞观中期，李世民发现向他送谏的人减少了，于是他问魏征："近来朝中大臣都不议论朝政，是什么原因呢？"

魏征分析说："陛下虚心采纳臣下意见，本来应该有人进谏。然而古人说：'不信任的人来上谏，就会认为他是毁谤自己；信任的人却没有谏言，就会认为他白食俸禄。'但是人的才能器量有所不同。懦弱的人，虽然心怀忠信却不敢言；被国君疏远的人，害怕对己不利而不敢言。所以大家都闭口缄默，随波逐流，苟且度日。"

李世民说："的确如您所说的那样。朕常常在想，臣子想要进谏，但害怕带来灾祸，难保性命，这与那些冒着被鼎镬烹死、被利剑刺死的人有什么不同呢？所以忠诚正直的大臣，不是不想竭诚尽忠，而是太难了。所以大禹听到善言就向人拜谢，就是这个原因。朕现在敞开胸襟、广纳谏言，你们切不要过分恐惧，只管极力进谏。"

贞观十六年（公元 642 年），李世民对房玄龄说："自知者明，而能够做到这一点确实很难。写文章的人和从事技艺的人，都自以为出类拔萃，他人比不上。如果著名的工匠和文士，能够互相批评、指正，那么文章和工艺的拙劣之处就能够显现出来。由此看来，君主必须有匡正规谏的大臣来指正他的缺点过失。君主日理万机，一个人听政决断，虽然忧虑劳碌，又怎能把事情全部处理妥当呢？朕常常思考，遇事时魏征随时都能给予指正、规谏，且多切中失误之处，就像明镜照见自己的形体，美丑一下子都能显现一样。"于是举杯赐酒给房玄龄等人，以资鼓励，意思是让他们向魏征学习。

据史载，有一次李世民曾问谏议大夫褚遂良："从前舜打造漆器，禹雕镂俎，当时规谏舜禹的就有十多人，盛装食物的小小器皿，何须这么多人苦谏？"

褚遂良说："雕琢器皿会影响农业生产，纺织五彩绦条会耽误女子的工作。追求奢侈糜烂，那么国家就会慢慢走向灭亡。漆器不满足，必有金器代替；金器不满足，必用玉器代替。所以正直的大臣的规谏必须在事情刚开始的时候。等到了一定程度，就没有规谏的必要了"。

李世民听了，深以为然，高兴地称赞褚遂良说得对，并说："朕的行为如果有不当之处，不管是开始还是结束，都应该进言规谏。近来朕看前代的史书，有的大臣问君王谏事，君主总是回答'已做过了'或者'已经允诺'，实际上却并不加以改正，这样下去国家走向危亡，就会像翻掌一样容易啊。"

作为一名掌握国家最高权力的封建君王，每句话都可以当做"圣旨"来看待，这样说，也就等于这样去做。从这些生动的事例我们不难看出，贵为天子的李世民思想境界的高远和通达，心境的透亮和宏阔。在封建历史中这些认识只有少数明君才具备。

最大限度地听取各方意见

管人者应及时了解下情，需要尽最大可能听取各方意见，这样才能做出正确的决策，从而实现政通人和。

　　君主亲自听政、定期视朝，本是我国古代旧制，清初，顺治皇帝采纳给事中魏象枢等人的建议，定逢五视朝的制度，平时则不定期地到乾清门听理政务。康熙帝除坚守逢五视朝的定制外，并将御门听政作为一项经常性制度来执行。由于逢五三日常朝礼仪隆重，一般是臣下参拜、升转各官谢恩、贡礼行礼等例行礼仪，并不研讨具体政务，故康熙在常朝之后仍去乾清门听政，御门听政成为康熙接见臣下处理日常政务的最主要形式。

　　康熙热衷御门听政，既是反对权臣鳌拜的需要，也是对辅政时期政治的重大改进。因为在辅政时期，诸司章奏都是到第二天看完，而且是由辅政大臣等少数几个人于内廷议定意见，汉大学士不能参与其事，鳌拜等人便借机将奏疏带回家中任意改动，以达到结党营私的目的。而御门听政则使年轻的康熙皇帝走出内廷这个狭小的圈子，可以与朝廷大臣广泛接触，从而考察其优劣，亦可团结他们，取得支持，增强铲除权臣的勇气和信心。听政时，康熙与大臣们直接见面，共商国是，而且官员比较广泛，包括大学士、学士、九卿、詹事、科道等官，从而对辅政大臣的行为形成某种程度的制约，对某些擅权越轨行为也能及时发现和制止。

　　康熙发现，自己每天早起听政，而部院衙门大小官员都是分班启奏，甚至有一部分作数班者，认为"殊非上下一体励精图治之意"，便于二十一年（1682年）五月颁旨规定："嗣后满汉大小官员，除有事故外，凡有启奏事宜俱一同启奏"，无启奏事宜的满汉大小官员亦应同启奏官员一道，每日黎明齐集午门，待启奏事毕方准散去；有怠惰规避，不于黎明齐集者，都察院及科道官员察出参奏。但官员们贯彻起来确实有困难，他们不比皇帝，就住在乾清门旁边，他们"有居住僻远者，有拮据舆马者，有徒步行走者，有策蹇及抱病勉行者"。由于需提前齐集午门守候，他们必须每天三更即起，夜行风寒，十分辛苦，以致白天办事时精神倦怠。后经大理寺司务厅司务赵时揖上疏反映此情，康熙深为感动，立即采纳，于九月二十一日重新规定：每天听政时间向后顺延半个时辰，即春夏七时，秋冬八时，以便启奏官员从容入奏；九卿科道官原系会议官员，仍前齐集外，其他各官不再齐集，只到各衙门办理事务；必须启奏官员如年力衰迈及患有疾病，可向各衙门说明后免其入奏。此后又罢侍班纠劾失仪的科道官员，以便官员们畅所欲言；年老大臣可以"量力间二三日一来启奏"。

官员们也担心康熙每天早起听政过于劳累，一再建议更定御门日期，或三天或五日举行一次。但康熙认为："政治之道务在精勤，厉始图终，勿宜有间"，如果做到"民生日康，刑清政肃，部院章奏自然会逐渐减少。如果一定要预定三日五日为常朝日期，不是朕始终励精图治的本意"，因此对臣下们的好意婉言拒绝。

康熙理政十分认真，各部院呈送之本章无不一尽览，仔细批注，即使其中的错别字都能发现改正，翻译错误之处也能改之。章奏最多时每天有三四百件，康熙都"亲览无遗"。由于亲阅奏章，他对臣下处理政事敷衍塞责、手续烦琐等作风都能及时发现，并予解决。

针对一事两部重复启奏的问题，康熙令会同启奏，不仅简化了手续，有利于提高效率，而且经两部协商讨论后，所提建议往往更实际，不至舛错。

总体而言，康熙继承和发展的御门听政制度，对及时了解下情，发挥群臣智慧，集思广益，使国事决策尽量避免偏颇，政务处理迅速及时，保证封建国家的统治效能，起到了重要的作用，也是康熙朝政治生活的一大特点。

作为少数民族入主中原的封建王朝，清廷一开始就面临着与土著汉人之间的民族矛盾问题，特别是在顺治年间曾形成一场大规模的群众性抗清运动。这场运动虽以清王朝的胜利而告终，却给予新兴的清王朝以沉重的打击，使清朝统治者认识到：要想在幅员辽阔，人口众多，而且经济文化发达的中原地区站稳脚跟，就必须重视满汉关系，缓和满汉民族矛盾。在这一点上，康熙的作为值得称道。

可以说，正是由于康熙帝善于听取各方面的意见，使得他能及时了解各方面的情况，对一些重大问题有正确的认识，这是清朝在康熙治内迅速走向强盛的主要原因之一。

第三章
自修：培育雍容宽广的管人气度

养气修身是管人者的必修课。管人者的管理行为关系着大局的成败，而其个人的胸怀气度又直接影响着他以什么样的方式方法来实施管理。只有具有雍容宽广的管人气度的人，才能不斤斤计较个人私利，才能以博大的胸怀和坦荡的公心对待所管的人和事。当然，这种气度也不一定是天生的，需要后天的修炼和磨砺。善养浩然之气者，管人才能达到一个全新的境界。

不避风险敢于委事

管人，一般都是上管下。然而在特定情况下却需要下属出面稳定大局，这时候的出头露面非同小可，弄不好自己功名利禄甚至性命都得搭上。只有一心为公不存私念、敢于担当的人才会挺身而出。

元平元年（公元前74年），昭帝病逝，没有儿子。武帝的六个儿子中独有广陵王刘胥在世，群臣讨论该立谁为皇帝时，都有意立广陵王。广陵王本来就是因为行为放纵、不合正道，才不被武帝选用的，所以霍光听了大家的议论后犹豫不决。这时有个郎官上书说："周太王废黜太伯而立王季，周文王舍弃伯邑考而立武王，都是只看合适才立。即使是废黜长子而立少子也是可以的。广陵王不能继承帝位。"此话正合霍光的心意，霍光把郎官的上书拿给丞相杨敞等人看，于是把这个郎官提拔为九江太守。当天，霍光奉皇太后诏令，派遣行大鸿胪事的少府乐成、宗正德，光禄大夫吉，中郎将利汉去迎接昌邑王刘贺。

刘贺是汉武帝的孙子，是哀王的儿子。到长安后，即位为皇帝，但是他行为放纵，淫乱不堪，举动无节，政事失当。霍光见昌邑王荒淫无道，非常担忧，于是单独询问大司农田延年，这事该怎么办。田延年说："将军是国家的柱石，既然知道这个人确实不行，为什么不向太后说明，另选贤明的加以拥立呢？"霍光很是疑惑地说："现在想这么办，在古代有先例吗？"田延年说："伊尹做殷朝的相，废黜太甲来安定宗庙社稷，后世称颂他的忠诚。将军您如果能够办好这件事，也就是汉朝的伊尹啊！"霍光深以为然，又给田延年加官"给事中"。让他可以进宫议事，紧接着就与车骑将军张安世合谋，召集公卿大夫在未央宫共同议事。

会上，霍光说道："昌邑王行为昏庸淫乱，恐怕会给国家带来危险，怎么办？"群臣全都大惊失色，谁也不敢发言，只是随声应付，不置可否而已。这时田延年离开座席走上前，按着剑慷慨陈词道："先帝把年幼的太子托付给将军，又把天下托付给将军，是因为将军忠诚、贤明，能保刘氏子孙的平安。现如今臣民扰乱不安，国家行将崩溃。而且汉朝历代相传，谥号里都有孝字，意思就是要长保天下太平，让祖先能享受子孙的祭祀啊！如果让汉家断绝了祭祀，等将军死了，他又拿什么脸面到地下去见先帝呢！"接着他又带着威胁的口吻说："今天的讨论，不能有一会儿的耽搁。群臣中有谁赞成得晚一些，就请让我杀了他！"霍光谢罪说："九卿对我的责备是正确的。天下人心浮动，议论纷纷，我应当受到责备。"于是参加会议的都叩头说："百姓的命运都在将军一个人了，我们都只听将军的安排。"

会议当即停止，霍光立即率群臣一起去谒见太后，并向太后详细禀告了会议的情况，并认为昌邑王荒淫迷惑，失掉了帝王礼仪，扰乱了汉家制度，不能继承帝位。皇太后对昌邑王的行为也很不满，现在霍光等人有意废黜昌邑王，她没有任何异议，当下表示同意和支持。

随后，皇太后乘车驾到了未央宫承明殿，并下令未央宫各处守门官兵不许放昌邑王手下的群臣进宫。昌邑王到太后处朝见回来，乘上车辇准备回温室殿。中黄门的宦官各把住一扇门，昌邑王进去，门就随即关闭，昌邑王的群臣不能进门。昌邑王说："这是怎么回事？"霍光跪下说："有皇太后命令，不让昌邑王的群臣进门。"昌邑王说："慢一点好不好，为什么这样大惊小怪呢？"与此同时，霍光已派人把昌邑王的群臣驱赶到金马门外，车骑将军张安世带领羽林军逮捕捆绑了两百多人，并将他们送到廷尉和诏狱去看管。往日昭帝时的侍中中臣侍卫看守昌邑王，霍光告诫他们要小心看守："万一仓促间昌邑王死掉或自杀，就让我对不起天下人了，且有弑君的罪名。"

当时昌邑王还不知道自己就要被废黜了，于是问身边的人道："我原有的群臣从官怎么得的罪，而大将军要把他们都抓起来？"这些人都不吭声，昌邑王正准备发脾气，这时传来太后命令：召见昌邑王。昌邑王听说要召见他，心里有点怕，就说："我有了什么罪而要召见我？"话虽这样说，他还是硬着头皮进了承明殿。

昌邑王进到殿中，一下子被那威严的架势吓得趴在了地上。只见太后穿着庄严的礼服坐在大帐里，两边几百个侍从都手持武器，皇宫武装警卫期门勇士都拿着戟排列在殿陛之下，群臣按次序上殿。霍光和群臣联名上奏，弹劾昌邑王，要求太后下诏废刘贺为庶人，太后同意了。

昌邑王一直伏在太后面前聆听诏书，最后霍光命令昌邑王起来拜受皇太后诏令。昌邑王早已吓得面如土色，不过他还想做最后的努力，于是说道："听说天子有诤谏臣7人，即使无道胡为，也不至于丢失天下吧！"霍光说："皇太后已下令废黜，哪里来的天子！"于是走过去抓住昌邑王的手，解去他的玺绶，奉交给皇太后，然后又扶昌邑王下殿，出了金马门，群臣随后相送。昌邑王见实在是无以挽回这个局面，于是面向西拜首说："我愚蠢，担任不了汉朝的大事。"站起身登上乘舆副车。霍光一直送他到昌邑王在长安的官邸，道歉地说："王的行为自绝于天，臣等无能，不能以死报效王的恩德。臣宁愿对不起王，而不敢对不起国家。愿王自爱，臣永远不能同您再见面了。"说罢流着泪离开了。

不久，昌邑王就被遣送回昌邑，成为一个普通的人。仅仅只有二十七天，他就从位极天尊的皇帝宝座上跌落，成为一个湮没无闻的平民百姓。这前后的反差实在太大，也足见霍光影响之大，他的为政艺术着实令人折服。昌邑群臣因为犯了放弃辅导职守、引诱昌邑王干出坏事的罪，霍光为不留隐患把他们一行200多人全部杀掉。当兵士押着他们赴街市处刑时，他们大声呼喊："该断不断，反受其乱！"

昌邑王被废后，霍光与车骑将军张安世商议迎立新君，并在掖庭中会集丞相以下官员讨论确立人选。当时武帝的子孙中，齐王早死，没有儿子；广陵王刘胥已经在以前决定不用了；燕王刘旦由于谋反而自杀，他的子孙不在考虑范围之内，近亲唯有戾太子的孙子已在民间，号皇曾孙，民间都称赞他好。这时，光禄大夫丙吉上书说，皇曾孙已有十八九岁了，而且通经术，为人节俭，慈仁爱人，请求霍光拥立他。杜延年也认为皇曾孙德行美好，力劝霍光、张安世拥立。霍光采纳了他们的意见。在这年九月，霍光会同公卿大臣上奏太后立皇曾孙为帝，皇太后下诏同意了。

霍光于是派宗王刘德到皇曾孙的家乡尚冠里去，让皇曾孙梳洗干净，然后赐给他皇宫里的衣服。太仆驾着轻便的狩猎车来迎接曾孙，到宗正府举行斋戒，进未央宫谒见皇太后，被封为阳武侯。过了不久，霍光捧上皇帝的玺绶，皇曾孙在拜谒高祖庙后正式继位，是为汉宣帝。

宣帝即位后不久，即下诏褒扬霍光"安宗庙"之功，命令把河北东武阳1.7万户加封给霍光，连同以前封的共为2万户。另外，前后赏赐计黄金7000斤，钱6000万，杂色绸缎3万匹，奴婢170人，马两千匹，最好的住宅一所。

宽厚大度才能撑起一片天

　　俗话说"宰相肚里能撑船"，为什么宰相的胸怀如此宽广呢？因为他是一国中枢，有"外镇抚四夷诸侯，内亲附百姓，使卿大夫各得任其职"的职责，没有胸怀和气度便无法承担这样的重任。管人者都应该学习这种宰相气度，才能更好地撑起自己那一片天。

　　战国时赵国上大夫蔺相如，在处理与廉颇的关系时，就是宽厚大度、以坦荡的胸襟演出了一幕动人的将相和。赵惠文王时，曾得到楚和氏璧，秦昭王提出愿以十五城易之，时秦强赵弱，大臣们都认为若答应，不可能得秦十五城，而不答应，秦则会举兵相攻，此时，宦者缪贤荐其舍人蔺相如出使秦国，结果，相如不辱使命，完璧归赵，后又随赵王使秦，归来后，被拜为上大夫，位在名将廉颇之上。廉颇不服，说："我为赵将，有攻城野战之大功，而蔺相如徒以口舌为劳，而位居我上，且相如素贱人，吾羞，不忍为之下。"并宣言道："我见相如，必辱之。"相如闻知后，则尽量不与他相遇，朝会时，也常称病，不愿与廉颇争列上下。一次，相如外出，望见廉颇，便让车躲在一边避匿，他的门客们纷纷劝道："臣所以去亲戚而事君者，徒慕君之高义也。今君与廉颇同列，廉君且恶言而君畏匿之。恐惧殊甚，且庸人尚羞之，况于将相乎？臣等不肖，请辞去。"蔺相如这时心平气和地问他们："公之视廉将军孰与秦王？"门客们答道："不若也。"相如又说："夫以秦王之威，而相如廷叱之，辱其群臣，相如虽驽，独畏廉将军哉？顾吾念之，强秦之所以不敢加兵于赵者，徒以吾两人在也。今两虎共斗，其势不俱生，吾所以为此者，以先国家之急而后私仇也。"这番话传到廉颇那儿后，廉颇深为内疚，立即到蔺相如府上，负荆请罪，道："鄙贱之人，不知将军宽之至此也。"两人从此情义笃深，为生死之交。

后世也往往有一些贤相良辅，能像蔺相如这样，不计个人私怨，置怨结欢，宽厚待人。唐朝的房玄龄与李吉甫都有类似的事例。

房玄龄任尚书左仆射后，曾大病一场，尚书省的郎官们要去探视，户部郎中裴玄本说："仆射病可，须问之；既甚矣，何须问也。"也就是说若房玄龄可痊愈，应去探望；若病重不堪，不久于人世，则不必探视了。此话自然传到了房玄龄那儿，属吏及宾客们都愤愤不平，要求房玄龄病愈上朝后从重处罚此人。但房玄龄却对人们说："玄本好谐谑，戏言耳。"房玄龄病愈后，立即到尚书省处理政务，他到以前，裴玄本忐忑不安，做好了最坏的打算。殊不知，房玄龄升堂后，看到裴玄本，只是半开玩笑地说了一句："裴郎中来，玄龄不死矣。"

唐德宗时的宰相李吉甫为人公允、平和，在其早年，陆贽为相时，曾怀疑他与别人结为朋党，贬其为明州长史。陆贽可谓一代名相，但性情刚直，以天下为己任，每每犯颜上谏，触怒了朝中权要与德宗，被贬为忠州长史。时权臣裴延龄欲置陆贽于死地，遂奏请德宗，任命李吉甫为忠州刺史，他认为李吉甫曾被陆贽贬斥，结怨已久，肯定会设法加害陆贽。但李吉甫到任后，非但没有加害陆贽，反而与之置怨结欢，人们无不钦佩他的气量，而李吉甫也因此六年不得擢升。

还有一些宰相为了不计私嫌，雍容大度，干脆不去过问怨嫌一方，以免自己把握不好，心存芥蒂。武则天时名相狄仁杰执法严明，刚正不阿，在地方和朝臣中得罪了一批人物。他在豫州刺史任上时，就有一些人上书则天，言狄仁杰之过失，极尽诬陷编织。天授二年（691），狄仁杰任宰相后，武则天对他说："卿在汝南，甚有善政，卿欲知谮卿者名乎？"狄仁杰则答道："陛下以臣为过，臣请改之；知臣无过，臣之幸也，不愿知谮者名。"北宋宰相吕蒙正也有一段类似的轶事。蒙正仁宗时初为参知政事，入朝堂时，有一名朝士在帘内指着他悄声道："是小子亦参政邪？"吕蒙正佯装不闻而过。同行的大臣马上要让人询问其官位姓名，被吕蒙正制止。朝会结束后，同僚们仍愤愤不平，后悔为何不追究。吕蒙正则说："若一知其姓名，则终身不能复忘，固不如毋知也。且不问之，何损？"时人皆佩服其雅量。

对于同僚间的是是非非，一些宰相们也能宽厚优容，处理得十分得体。北宋李沆，仕太宗、真宗两朝，为参知政事，其为相，专以方严厚重镇服浮躁，尤不乐随意论他人短长。知制诰胡旦贬至商州后，久未召还。此人曾与李沆同为知制诰，听说李沆任参知政事后，以启贺之，并历数前任宰辅，多言前任之不是，启云："吕参政以无功为左丞，郭参政以失酒为少监；辛参政以非材谢病，优拜尚书；陈参政新任失旨，退归两省。"又极言李沆之才华，依附请托之意甚明。李沆见启后，愀然不乐，命属吏封还，且言："我岂真有优于是者也，适遭遇耳。乘人之后而讥其非，我所不为。况欲扬一己而短四人乎？"终其为相，不肯擢任胡旦。

北宋还有一位宰相王旦，在这些问题上也把握得十分得体。王旦为相时，寇准为枢密使，凡中书有关枢密院的事，王旦都让人送枢密院，一次，事情有误，寇准即上告真宗，真宗责王旦，王旦即请罪，并不辩解，其属吏亦遭责罚。不久，枢密院有事送中书省，亦有误，属吏拿到后欣然呈王旦，王旦并不上告真宗，只吩咐："却送与密院修正。"寇准收到后，十分惭愧。还有一次，中书用印偶倒，寇准即要求对当事吏人治罪。他日，枢院印亦倒用，中书吏人亦请王旦要求治其罪，王旦问："你等且道密院当初行遣倒用印者是否？"曰："不是。"王旦曰："既是不是，不可学他不是。"这种气度在中国古代官场中是十分少见的。

对于政坛仇敌，能置怨结欢或释然不究固然可传为美谈，但若能平心相待，不落井下石，也可算作宰相雅量，寇准之于丁谓可视为一例。丁谓多才多艺，机敏过人，但善于钻营，心术不正。初时，寇准并未识察其人，而是因其有才，多次力荐，很快将丁谓荐至参知政事。丁谓为参知政事后，仍对寇准谦恭有加。一次，中书省大宴群僚，寇准在豪饮之后，被羹汤玷污了胡须。丁谓见状，连忙走过来，轻轻地为寇准拂拭胡须。寇准不以为然地说道："参政国之大臣，乃为长官拂须邪？"此后，丁谓在政见上也日益与寇准相左，终至水火不相容，天禧四年（1020）六月，丁谓利用刘皇后，向真宗告发寇准，谎称寇准要挟太子架空皇上，夺朝廷大权。真宗将寇准罢相，擢升丁谓为相，不久，将寇准贬为相州司马。

圣旨下达时，丁谓擅自更改，又将寇准远徙为道州（今湖南道县）

司马。次年四月，真宗病危，丁谓又联合刘皇后，要其下懿旨，再贬寇准为雷州司户参军。而且，派中使到道州宣读懿旨时，让中使故意在马前悬一锦囊，内插一把宝剑，又让剑穗飘洒在外，以示将行诛戮。一般臣子见到这种场面，多误以为降旨赐死，不待开读诏书，便会主动自裁。但寇准却不予理睬。中使到道州时，他正与郡中僚属在府内聚饮，众人见中使一行杀气腾腾，十分惶恐，手足无措。寇准却神色自若地对中使道："朝廷若赐寇准死，愿见敕书。"中使窘态百出，只得如实宣旨：敕贬寇准为雷州司户参军。

寇准到雷州后不到半年，丁谓也获罪罢相，被贬为崖州（今海南省）司户参军。丁谓赴崖州贬所，中途必经雷州，寇准的家童门人获此消息后，一致要求寇准趁此机会报仇。寇准此时固然也不可能与丁谓就此释怨，但他又不肯落井下石，更不愿让家人为报仇而坏了国法。因此，他在丁谓途经雷州之际，一方面将家人全部关在府内，使之纵情饮宴。另一方面，又派人携带一只蒸羊送到雷州州境，交与丁谓，显示出应有的气度。

在政治舞台上可以看出宰相气度，在生活小事与细节末梢中，也可以反映出名相贤辅们的宰相雅量。

北宋真宗朝宰相张齐贤，生性阔达，在其任江南转运使时，宴饮宾客，一仆人窃银器数件藏于怀中，张齐贤看到后佯作不知。以后，张齐贤三为宰相，家仆门客均得到一定官职，而此仆人一直未有所获。一次，他向张齐贤求官，边说边哭泣道："某事相公最久，凡后于某者皆得官矣，相公独遗某何也？"张齐贤则告诉他："我欲不言，尔乃怨我。尔忆江南宴日，盗我银器数事乎？我怀之三十年，不以告人，虽尔亦不知也。我备位宰相，进退百官，志在激浊扬清，安敢以盗贼荐耶？念尔事我久，今予汝钱三百千，汝其去我门下，自择所安。"此仆听后，拜泣而去。在这种小事上可以看出张齐贤既有宰相气度，而又不失人格，并不因宽厚而废条章，甚可称道。

北宋仁宗时名相范仲淹也有一段类似的故事。他在陕西经略安抚副使任上时，曾以黄金铸一笺筒，饰以七宝，每得朝廷诏敕，即贮之筒中。后此筒被一老卒盗去，范仲淹也是知而不究。因此，袁桷题范仲淹像云："甲兵十万在胸中，赫赫英名震犬戎。宽恕可成天下事，从他老卒盗金筒。"

与范仲淹同时代的另一位宰相韩琦，也是这样一位于细微处见气度的人物。韩琦一次夜间作书，令一名侍卒持烛，侍卒不慎将烛火燃着了韩琦胡须，他以袖拂灭，仍继续作书。不一会儿，他回头时，见到侍卒已换人，知道是主吏见其过失而易之。韩琦恐此卒受鞭挞，遂将其召还，并告诉主吏："勿易之，渠方解持烛矣。"

还有一次，韩琦宴请一位重要客人，特地设下一桌，以锦绣覆盖，将一对玉盏置于其上。这对玉盏表里无瑕，为稀世之宝，只有贵客临门时，他才摆出。但其属吏一不小心，将玉盏碰翻在地，两只玉盏都被摔碎，坐客均愕然，属吏也立即伏地请罪，因为他们都知道玉盏是韩琦心爱之物。但韩琦神色依旧，笑着对客人道："凡物之成毁也自有数。"又回头宽慰属吏道："尔误也，非故意为之，何罪之有？"见微知著，从宰辅们的这些小事，可以看出其雅量的确不是常人能及。

宠不骄败不馁方显英雄本色

不管是沉居下僚还是身践高位，管人者"仕途"不可能一帆风顺。得意时飞扬跋扈，逆境中则一蹶不振，这样的人注定一事无成。相反，如果能做到顺宠而不骄，败而不馁，则显示出一种雍容宽广、能做大事的气度，这种气度足以让你逢凶化吉。

唐武则天时代，是一个政坛动荡纷纭的时代，新贵迭出，倏忽辄去，卿相与囚徒之间的转换更是须臾之间，宠辱的变故，随时可以降临到每一位宰相身上。在这一问题上，此时的三位名相狄仁杰、魏元忠与张说都能做到宠辱不惊，泰然处之，而其他诸相则相去甚远。我们先看狄仁杰。狄仁杰是深得武则天倚信的一位重臣，在则天称帝时代，他三度为相，也几次被贬，甚至险些被处以极刑，但不管是何境遇，他都是坚持操守，不缘物移情。武则天后期对狄仁杰的宠任可谓登峰造极，朝会之际，多直呼其为国老而不称其名。狄仁杰好当廷谏诤，坚持不变，而则天多屈意从之。一次，随则天出游，一阵风过，将狄仁杰头巾吹落，其坐骑也惊奔不止，则天命太子追上前去，拉住马缰，这在当时是莫大的殊荣。在朝拜时，武则天也常不让其叩拜，说："每见公拜，朕亦身痛。"而且，还免除了狄仁杰例行的宿直，并告戒并为宰辅的几位大臣道："自非军国大事，勿以烦公。"狄仁杰病逝之际，武则天涕泣道："朝堂空矣！"朝中每有大事难以决断时，她便感叹道："天夺吾国老何太早邪？"

面对如此优遇，许多臣子可能会忘乎所以，他们或者骄奢淫逸，或者擅弄权柄，或者结党营私，以私废公。而狄仁杰却秉以公心，俭约奉公，从不阿顺奉迎。比如，在用人问题上，狄仁杰一直谢绝请托，荐用贤士，而不是利用权势，任用亲旧。一次，武则天曾问狄仁杰："朕欲得一佳士用之，谁可者？"狄仁杰道："未审陛下欲何所用之？"则天道："欲用为将相。"狄仁杰向她推荐道："必欲取卓荦奇才，则有荆州长史张柬之，其人虽老，宰相才也。"武则天即擢张柬之为洛州司马。几日后，又向狄仁杰问人。仁杰道："前荐张柬之，尚未用也。"则天道："已迁矣。"狄仁杰道："臣所荐者可为宰相，非司马也。"则天又将张柬之升为门下侍郎，最后，还是用为宰相，狄仁杰除荐举张柬之外，还荐举了姚元崇、桓彦范、敬晖等数十人。这些人物都成为一时名臣，因此，有人对狄仁杰道："天下桃李，悉在公门矣。"仁杰则坦然地说："荐贤为国，非为私也。"

优宠之时如此，受辱被囚之时，狄仁杰也是尽忠不二，坚守道义，并不随波沉浮。他被来俊臣诬陷下狱后，佯装畏惧酷刑，招供谋反，等待机会，上奏诉冤。这时，大理判官王德寿以为有机可乘，想让狄仁杰供出另一位大臣杨执柔与他同党，想以此作为擢升的功劳，他把这一想法直接告诉了狄仁杰。他说："尚书定减死矣，德寿业受驱策，欲求少阶级，烦尚书引杨执柔，可乎？"狄仁杰立即长叹道："皇天后土使仁杰为此乎！"又将头撞柱，血流满面，王德寿只好作罢。

玄宗时的一位名相张说则从另一个方面体现了宠辱不惊的气度。张说以其才学，备受玄宗赏识。玄宗建集贤殿后，广招儒术雅士为学士，又准备任命张说为集贤殿大学士，以区别于他人。但张说不肯接受，他推辞道："学士本无大称，中宗崇宠大臣，乃有之，臣不敢以为称。"后来，学士们宴饮于集贤院，群贤毕至，成为一时盛举。按惯例，在这种场合下应以官爵为准，官爵高者先饮。张说此时虽贵为宰相，但不肯先饮，他认为："吾闻儒以道相高，不以官阀为先后。大帝（即太宗）时修史十九人，长孙无忌以元舅，每宴不肯先举爵。长安中，与修《珠英》，当时学士亦不以品秩为限。"于是，与诸位学士引杯同饮。

在中国古代政治舞台上，对宠辱问题把握得最好的宰相，李泌当算作一位。他处在安史之乱及其以后的混乱时代，为唐王朝的安定上言上策，立下了殊功，但他贵而不骄，急流勇退，恰当地把握住了一个宠臣、功臣的应有分寸，善始善终，圆满地走完了自己政治的一生。

李泌少时聪慧，被张九龄视为"小友"；成年后，精于《易》，天宝年间，玄宗命其为待诏翰林，供奉东宫，李泌不肯接受，玄宗只好让他与太子为布衣之交。当时李泌年长于太子，其才学又深为太子钦服，因此，常称之为"先生"，两人私交甚笃。这位太子就是后来的肃宗皇帝。后来，李泌因赋诗讥讽杨国忠、安禄山等人，无法容身，遂归隐颍阳。安史之乱爆发后，玄宗至蜀中，肃宗即位于灵武（今宁夏永宁西南），统领平乱大计，李泌也赶到灵武。对于他的到来，肃宗十分欢喜，史称："上大喜，出则联辔，寝则对榻，如为太子时。事无大小皆咨之，言无不从，至于进退将相亦与之议。"

这种宠遇实在是世人莫及，在这种情况下，李泌依然保持着清醒的头脑，平静如水。肃宗想任命他为右相时，他坚决辞让道："陛下待以宾友，则贵于宰相矣，何必屈其志！"肃宗只好作罢。此后，李泌一直参与军国要务，协助肃宗处理朝政，军中朝中，众望所归。肃宗总想找个机会给予李泌一个名号。

肃宗每次与李泌巡视军队时，军士们便悄悄指点道："衣黄者，圣人也；衣白者，山人也。"肃宗听到后，即对李泌道："艰难之际，不敢相屈以官，且衣紫袍以绝群疑。"李泌不得已，只好接受，当他身着紫袍上朝拜谢时，肃宗又笑道："既服此，岂可无名称！"马上从怀中取出拟好的诏敕，任命李泌为侍谋军国、元帅府行军长史。元帅府即天下兵马大元帅太子李之府署。李泌不肯，肃宗劝道："朕非敢相臣，以济艰难耳。俟贼平，任行高志。"这样，他才勉强接受下来。肃宗将李亻叔的元帅府设在宫中，李泌与李亻叔总有一人在元帅府坐镇。李泌又建议道："诸将畏惮天威，在陛下前敷陈军事，或不能尽所怀；万一小差，为害甚大。乞先令与臣及广乎（即广平玉李亻叔）熟议，臣与广平从容奏闻，可者行之，不可者已之。"肃宗采纳了这一建议，这实际上是赋予李泌朝政全权，其地位在诸位宰相之上。当时，军政繁忙，四方奏报自昏至晓接连不断，肃宗完全交付李泌，李泌开视后，分门别类，转呈肃宗。而且，宫禁钥匙，也完全委托李泌与李亻叔掌管。

面对如此殊遇，李泌并不志满气骄，而是竭心尽力，辅助肃宗，在平定乱军，收复两京以及朝纲建设上，都建有不可替代之功，实际上是肃代两朝的开朝元勋。

平定安史之乱，肃宗返回长安后，李泌不贪恋恩宠与富贵，向肃宗提出要退隐山林，他说："臣今报德足矣，复为闲人，何乐如之！"肃宗则言："朕与先生累年同忧患，今方相同娱乐，奈何遽欲去乎！"李泌陈述道："臣有五不可留，愿陛下听臣去，免臣于死。"肃宗问："何谓也？"李泌答道："臣遇陛下太早，陛下任臣太重，宠臣太深，臣功太高，迹太奇，此其所以不可留也。"可以说，李泌的这五不可留，还是十分深刻的，尤其是"任臣太重、宠臣太深、臣功太高"更是三项必去的理由。身受宠荣，能冷眼相对，不沉迷其中，这是难得的政治家气度。肃宗听后，有些不以为然，劝道："且眠矣，异日议之。"李泌则坚持道："陛下今就臣榻卧，犹不得请，况异日香案之前乎！陛下不听臣去，是杀臣也。"说到这儿，肃宗有些不高兴了，反问道："不意卿疑朕如此，岂有如朕而办杀卿邪！是直以朕为句践也！"李泌还是坚持道："陛下不办杀臣，故臣求归；若其既办，臣安敢复言！且杀臣者，非陛下也，乃'五不可'也。陛下昔日待臣如此，臣于事犹有不敢言者，况天下既安，臣敢言乎！"

肃宗无可奈何，只好听其归隐嵩山。代宗李亻叔即位后，又将他召至朝中，将他安置在蓬莱殿书阁中，依然恩宠有加。但此时，李泌却居安思危，感受到了他与代宗之间的微妙变化。当李亻叔为太子时，局势动荡，其皇储之位也不稳定，因此，他视李泌为师长，百般倚重，而李泌也尽心辅佐，几次救其于危颠。现在，他是一国之君，对于往昔的这位师长、勋旧固然有道不尽的恩宠，但也有种种道不明的不安与不自如。

这时，朝中有一位专权的宰相元载，这位宰相大人，与李泌是截然相反的人物。他凭借代宗的宠任，志气骄逸，洋洋自得，自认为有文才武略，古今莫及。他专擅朝政，弄权舞弊，僭侈无度。曾有一位家乡远亲到元载这儿求取官职，元载见其人年老不堪，猥猥琐琐，便未许他官职，写了一封给河北道的信给他。老者走到河北境内后，将信拆开一看，上面一句话也没有，只是签了元载之名，老者十分不悦，但既已至此，只好持此信去拜谒节度使。僚属们一听有元载书信，大吃一惊，立即报告节度使。节度使派人将信恭恭敬敬地存到箱中，在上等馆舍招待老者，饮宴数日。临行时，又赠绢千匹。这可见元载的威权之重。

就是这位元载，见李泌如此被信用，十分忌妒，与其同党不断攻击李泌。在李泌重回朝中的第三年，也就是大历五年（770），江西观察使魏少游到朝中寻求僚佑，代宗对李泌道："元载不容卿，朕今匿卿于魏少游所，俟朕决意除载，当有信报卿，可束装来。"于是，代宗任命李泌为江西观察使的判官，这与李泌在朝中的地位可谓天上地下，太不相称，但李泌还是愉快地远赴江西。

客观地说，元载是不容李泌的，但元载虽为权臣，毕竟只是文人宰相，未握兵权，代宗若要除他，易如反掌，但值得玩味的是，在元载与李泌的天平上，代宗明显地偏向了前者，所以，要提出种种借口与许诺。

李泌到江西后七年，也就是大历十二年（777），代宗方罢元载相，以图谋不轨诛元载及其全家。元载倚宠专权，下场可悲。一年以后，大历十三年年末，代宗方召李泌入朝。李泌到朝中后，君臣之间有一段很有意思的对话。代宗对李泌道："与卿别八年，乃能诛此贼。赖太子发其阴谋，不然，几不见卿。"对这一解释，李泌似乎不能接受，他对答道："臣昔日固尝言之，陛下知群臣有不善，则去之。含容太过，故至于此。"对此，代宗只好解释道："事亦应十全，不可轻发。"

李泌到长安刚刚安顿下来，朝中新任宰相常衮即上言道："陛下久欲用李泌，昔汉宣帝欲用人为公卿，必先试理人，请且以为刺史，使周知人间利病，俟报政而用之。"这一建议，可以说是十分荒唐。李泌自肃宗时即参与朝政机要，多次谢绝任相的旨意，而肃宗也实际上将他视为宰相。代宗即位，召其至朝中，也是要拜为宰相，但李泌又拒绝就任。如今常以代宗欲用李泌为由，要将他放为州刺史，应当是秉承了代宗的旨意。所以，第二年初，代宗便任命李泌为澧州刺史，澧州是偏远州郡，对于这一明显带有贬谪含义的任命，李泌未发一言，还是再次离开长安，走马上任，以后，李泌又改任杭州刺史。

就这样，这位多次拒任宰相的政治家，在疏远与排斥中，常年在外流连，远离朝政。但李泌从未心灰意冷，无论是在江西，还是在澧州、杭州，他都勤于政务，"皆有风绩"

至德宗在奉天（今沈阳）被围，又将李泌召至，不久，任命宰相，但李泌还是平心待物，淡泊自然，真正体现了宠辱不惊的宰相气度。

不能做以私害公的糊涂事

管人久了，官做大了，公事私事眉毛胡子一把抓的事很容易出现，公报私仇、以私害公也就屡见不鲜。但这样做的结果除了不利于公，还会使个人形象大打折扣，同时其私也未必能够保全。因此，以私害公从来都是管人大忌，更是公、私两边不讨好的糊涂事。

　　西汉萧何与曹参都堪称不以私害公的杰出人物。萧何与曹参都曾是沛县小吏，萧何是主吏橼，曹参是狱橼，两人同时参加了刘邦起兵。后来，一个运筹帷幄，支撑全局；一个披坚执锐，身经百战，又同时成为西汉王朝的开国元勋。刘邦统一后，大行封拜，先封萧何为鄷侯，食邑最多，这时，包括曹参在内的战将功臣们愤愤不平，都说："臣等身被坚执锐，多者百余战，少者数十合，攻城略地，大小各有差。今萧何未尝有汗马之劳，徒持文墨议论，不战，顾反居臣等上，何也？"刘邦借畋猎讲明了萧何在建汉中的作用，他说："夫猎，追杀兽兔者，狗也，而发踪指示兽处者，人也。今诸君徒能得走兽耳，功狗也。至如萧何，发踪指示，功人也。"既然说到这一步，战将们便不好再说什么。

　　受封完毕，排定位次时，战将们推出了他们的代表曹参，纷纷陈辞道："平阳侯曹参身被七十创，攻城略地，功最多，宜第一。"分封之时，刘邦已拂逆功臣，首封萧何，这时，虽然仍想将其列为第一，但一时找不出新的理由，关内侯鄂君很了解刘邦的心思，遂上言论萧何与曹参之功劳，他说："群臣议皆误。夫曹参虽有野战略地之功，此特一时之事。夫上与楚相距五岁，常失军亡众，逃身遁者数矣。然萧何常从关中遣军补其处，非上所诏令召，而数万众会上之乏绝者数矣。夫汉与楚相守荥阳数年，军无见粮，萧何转漕关中，给食不乏。陛下虽数亡山东，萧何常全关中以待陛下，此万世之功也。今虽亡曹参等百数，何缺于汉？汉得之不必待以全。奈何欲以一旦之功而加万世之功哉！萧何第一，曹参次之。"刘邦当然立即采纳了这一建议。

虽然两次事件都是刘邦定夺，但曹参、萧何之间却产生了较深的隔阂。史称："（萧）何素不与曹参相能。"又称："参始微时，与萧何善，及为将相，有隙。"但两人又都有一个共同的特点，即宰相气度，都做到了不以私害公。

萧何病重之时，惠帝前往探视，问道："君即百岁后，谁可代君者？"萧何答道："知臣莫如主。"惠帝问："曹参何如？"萧何马上顿首道："帝得之矣，臣死不恨矣！"完全抛弃个人恩怨，举荐曹参。而曹参为相后，也是不计个人恩怨，一仍萧何成法，史称："至何且死，所推贤惟参，参代何为汉相国，举事无所变更，一遵萧何约束。"

唐中朝的名相李泌与名相兼名将郭子仪也都是不计私情以大局为重的代表。安史之乱爆发后，李泌随肃宗至彭原（今甘肃镇原东），规划平叛大计。肃宗与李泌谈及李林甫，想命令诸将，克长安后，掘其冢墓，焚骨扬灰。李林甫是唐玄宗后期宠信的奸相，口蜜腹剑，害人无数。他曾谗害李泌，几致死地，按照常理，对肃宗这一想法，他自然会十分赞同。但李泌考虑的却不是个人私愤，他认为若是肃宗为首的新朝廷这样对待以往的怨仇，恐怕会波及安史叛军中的新仇人，使他们断了改过自新、归附朝廷的念头。因此，他提出："陛下方定天下，奈何雠死者，彼枯骨何知，徒示圣德之不弘耳。且方今从贼者皆陛下之雠也，若闻此举，恐阻其自新之心。"肃宗听后，十分不悦，反问道："此贼昔日百万危朕，当是时，朕弗保朝夕。朕之全，特天幸耳！林甫亦恶卿，但未及害卿而死耳，奈何矜之？"后在李泌的反复劝导下，肃宗接受了这一意见，并说："朕不及此，是天使先生言之也。"

对昔日仇雠如此，对昔日有恩于他的人，李泌也同样不徇私情，以大局为重。肃宗与李泌少相友善，一直尊称"先生"，其爱妃张良娣非常关照李泌，并曾为其解脱险境，安史之乱爆发后，两人又都十分倚信李泌。但在关于张良娣的问题上，李泌一直恪守大局，不肯迁就，肃宗抵彭原不久，玄宗曾派人送给张良娣一副七宝鞍，李泌认为应交付国库，他说："今四海分崩，当以俭约示人，良娣不宜乘此。请撤其珠玉付库吏，以俟有战功者赏之。"听到这话，张良娣不太高兴，道："乡里之旧，何至于是！"良娣与李泌又是同乡，故云。肃宗道："先生为社稷计也。"马上命人撤下七宝鞍。过了不久，肃宗又对李泌道："良娣祖母，昭成太后之妹也，上皇所念。朕欲使正位中宫以慰上皇心，何如？"也就是要封良娣祖母为太后。李泌则认为："陛下在灵武（今宁夏永宁西南），以群臣望尺寸之功，故践大位，非私己也。至于家事，宜待上皇之命，不过晚岁月之间耳。"肃宗又接受了这一建议。不过，李泌也由此得罪了张良娣，以后，连续发生了一些不愉快的事情，使他一度归隐山林。

与李泌相似，当时的另一位名相兼名将郭子仪也是不计旧嫌，不念私恩，完全以国事为重。安史之乱爆发前，郭子仪与李光弼同为朔方节度使的牙门都将，两人积怨甚深，不交一言。安史之乱爆发后，原朔方节度使安思顺因是安禄山从弟被赐死，郭子仪被任命为朔方节度使，准备分兵东进，抗击安史乱军。这时，李光弼内心十分不安，担心郭子仪乘机加害，遂入府门向郭子仪请罪道："一死固甘，乞免妻子。"郭子仪急忙下堂，扶光弼上堂对坐，推心置腹地说："今国乱主迁，非公不能东伐，岂怀私愤时邪？"他又上书唐廷，以李光弼为河东节度使，将朔方兵万余人分给光弼统领。史称两人分别时，"执手涕泣，相勉以忠义"。在平定安史之乱的战争中，两人都建立殊勋，彪炳史册。

当安史之乱尚未平定之时，权阉鱼朝恩对郭子仪百般进谗，乾元二年（759），郭子仪被解除朔方节度使一职，召回京师，挂了一个空头宰相的名号。宝应元年（762），因朔方节度使李国贞治军过严，将士们怨声载道，无不思念郭子仪，牙将王元振遂发动兵变，杀李国贞。唐廷不得已，又任命郭子仪为朔方节度使。子仪抵朔方后，将士们欢呼不已，王元振也自以为立了大功，期望得到奖赏。

因为在唐后期，节镇主帅被逐比较常见，逐杀主帅之人也往往不被定罪，要么自立为帅，要么拥立新帅成为功臣，新任主帅则对之优遇有加。但郭子仪却不这么做，王元振自以为有功于郭子仪，认为必有重赏。谁料，郭子仪到任后，马上将他扣押，严正地对他说："汝临贼境，辄害主将，若贼乘隙，无绛州矣（朔方节度使时治绛州，即今山西绛县）。吾为宰相，岂受一卒之私邪！"不久，就将王元振等人斩首，史称："由是，河东诸镇率皆奉法。甲"若郭子仪囿于私恩，不斩王元振，很难安定河东局势，由此也可见郭子仪的不凡气度。

此事过后10余年，郭子仪在邠宁节度使任上时，曾上奏唐廷，请任命某人为州县官，但未能获准。在唐后期，这种情况比较少见，因为当时的节度使们握有一方重兵，对他们奏请除授的官员，唐廷一般是照例恩准，稍不如意，这些重臣便可能举兵而起，兴师问罪。因此，得知郭子仪奏请的任命未能获准，僚佐们便纷纷议论道："以令公励德，奏一属吏而不从，何宰相之不知体？"但郭子仪对此毫不介意，反倒认为这是朝廷对他的信任，他对僚佐们说："自兵兴以来，方镇武臣多跋扈，凡有所求，朝廷常委曲从之；此无他，乃疑之也。今子仪所奏事，人主以其不可行而置之，是不以武臣相待而亲厚之也；诸君可贺矣，又何怪焉！"从这番表述，我们又可以看到郭子仪顾全大局、不计私憾的政治气度。

文彦博也是一位颇有气度的宰臣。文彦博，字宽夫，宋汾州介休（今山西介休）人，仁宗时为相。仁宗宠幸张贵妃，对其从父张尧佐也厚加封拜，当时，谏官包拯、唐介等人激烈抗辞，反对此事。尤其是唐介，反对尤烈，而且还连及文彦博，他指斥文彦博向张贵妃进奉蜀锦，是因贵妃之故方登位宰辅，并要与文彦博当面对质。仁宗一怒之下，将唐介贬为英州别驾，而文彦博也被罢相。

文彦博复相后，谏官吴中复请召还唐介，文彦博不计前嫌，也向仁宗进言道："介顷为御史，言臣事系中臣病，其间虽有风闻之误，然当时责之太深，请如中复奏。"但仁宗不许，仅命迁官。至神宗时代，文彦博已是元老重臣，以太尉留守西京，唐介之子唐义问为其属下转运判官，颇有才干，惧文彦博报复，欲另寻仕途。文彦博当即召义问解释道："仁宗朝，先参政为台谏，所言之事，正当某罪。再入相时，尝荐其父，晚同为执政，相得甚欢。"唐义问闻知后，十分感动，自此，与文彦博成忘年之交，常出入其门下。后文彦博荐唐义问为集贤殿修撰、荆南刺史。

中辑

驭人法

与其教育猫，不如看住鱼

第四章
铁腕：啃骨头要用硬手段

管人者大多希望手下人服服帖帖，但难免有时事与愿违，总有人跳出来，明里暗里给你制造麻烦。如果这样的人人微言轻，"收拾"他自也不用费什么力气；如果跟你作对的人有一定的影响力，处理起来容易使人瞻前顾后，唯恐引起这样那样的麻烦或混乱。而铁腕管人者认为，绝不能养虎为患，对于硬骨头，就必须采用针锋相对的硬手段。

对于作乱分子决不手软

对作乱分子绝不手软，是秦王嬴政一贯的原则。所以，在处理的问题时，青年嬴政第一次向世人展示了他冷若铁石的内心世界，以及强有力的管人手腕。

就在嬴政忍着暴怒的心情不动声色地调兵遣将之时，也积极地行动起来了。先找到太后商议谋反之事，但是太后并没有表态。想先下手为强杀了嬴政，好让他的儿子当国君，然而嬴政也一样是太后的儿子，她又怎忍心去杀害他呢？

二十多年前，赵姬在邯郸那样艰险的环境中生养了嬴政，那样艰难地抚育他长大，并看着他当上国君。作为一个母亲，赵姬能不爱自己的儿子吗？而虽然也和她生养了两个儿子，但赵姬总觉得并不是那么回事，她也许并不喜欢他们，她喜欢的只是给她带来身心快乐的，那两个儿子只是寻欢作乐所生的副产品，她对嬴政的爱要远远超过那两个儿子。

此时的嬴政正在雍城内的颜年宫举行加冕大典，而危机却在暗处潜伏着，加冕的大喜日子弄不好就是杀身之祸降临之时。但情况也许并不那么糟糕，雍城本就是的大本营，嬴政竟然到远离京都的雍城来居住并举行典礼，这真可以说是走了一着险棋。其实，他就是要让为此而雀跃，他要等这个无赖先发制人，让他叛掠的面目先行暴露出来。

在从容不迫的加冕大典的音乐中，迫不及待地指挥叛军向颜年宫发动进攻。他哪知道，嬴政早已在雍城密令昌平君和昌文君带着精兵守候多时了。这是秦国发展史上一个最为危急的时刻，而越是危急越能表现出一个年轻政治家的风采。昌平君和昌文君是嬴政一手培植起的亲信，他们指挥军队沉着应战。为激励将士们平叛，嬴政宣布：凡在战场上斩敌首过百的，赐以爵位；凡内官宦官参与平叛的，也赐晋一级。重赏之下必有勇夫，嬴政的平叛之军越战越勇，而的部队只是一些乌合之众，经不起打杀就败逃而去。

但为替自己的儿子篡夺王位，在巨大利益的诱惑和驱动下，又指挥残部向百里之外的咸阳宫发动猖狂进攻，然而他没有料到那里也有嬴政预先设好的军队。而当叛军被一网打尽之时，却不见了踪影，集团的骨干也有漏网之鱼，懂得复仇的新秦王对此怎能置之不理——对于犯上作乱者，嬴政绝不能任其苟活于世间。于是，新即位的秦王下令在全国悬赏捉拿："有生得，赐钱百万；杀之，五十万。"

当嬴政从雍城赶往咸阳时，被捉住了。愤怒至极的嬴政给予叛党严酷地处置：将卫尉竭、内史肆、佐戈竭、中大夫令齐等二十人斩首，并将头挂在树上示人；对则施以残酷的车裂刑罚，即用车马将身体生生分裂，又将的宗室尽数剿灭，对家的门客，全部罚做劳役三年，其余四千余人被免除爵位，流放到边远的蜀地。对待自己的敌人，嬴政首次显示出了他秋风般残酷无情的性格。

与此同时，嬴政亲自到太后居住的宫中，找出被太后密藏的两个儿子，令人装入皮囊，在地上摔死。作为同母异父之弟，其实这是两个无辜的孩子，然而嬴政却不认为他们无辜，原因在于他们会使他丢脸，使他无颜于世。由于事关尊严，他要杀死所有给他难堪的人，他要一个帝王应有的尊严。他甚至忘了古代以母为尊的训示，还将自己的母亲赶出了咸阳宫。

事情至此并不算完。暴怒的年轻国君已经杀红了眼，他容不得这件丑事在世人嘴里传播，他想杀死所有知情的人。一种无处诉说也无法诉说的委屈和愤怒在嬴政心中翻腾，他不明白自己在做什么，但他这样做，难免会让时人认为他是一个十足的暴君，然而谁又知道他心中的苦楚，哪个臣子又能为他分担有一个放荡母后的感情压力呢？当年的母亲与他孤寡相伴，彼此忍辱负重，互不相弃，她和他是互为唯一的一对相依为命的母子，他绝不容许自己的母亲再属于别人，他现在已经是一国之君，他尤其不能容忍这样——可以说，这种痛苦和压力除了用血来抵偿外，根本不可能再有第二种解脱的方法。与其说他之所以宁愿用一种暴行和一片血腥来发泄心中的愤怒，杀死所有当事人、知情人，好落个白茫茫大地真干净，毋宁说这是在一种恋母又恨母的双重感情折磨下，一种要独立、要自信的心理的表白。

在当时的局势下，嬴政已无路可走，捕杀一党早已刻不容缓。因为这个人不仅在当时毁了王室的荣誉，还几乎要左右政局了。当时秦正发兵攻取魏的衍氏邑，魏国在紧急时刻，就有人曾给魏王出主意说："如今王不如割地，通过献给秦国，让人知道魏王也是站在边，是拥护的。这样秦太后必然会从心里感谢王，就不会对魏国用兵了，如此就能与秦国结成良好的伙伴关系。以前与吕不韦交往，都是互相欺骗，现在通过与秦友好交往，天下的人将会抛弃吕不韦而结交，让吕不韦失势，王就能报对吕不韦的怨恨了。"

说这一番话的人定是估透了秦国形势，当时新即位的嬴政处境十分艰难，吕不韦在秦大权在握，又后来居上，很快出现了赶上并超过吕不韦之势，天下人竟至于只知有吕不韦和，而不知有新即位的秦王嬴政。面对这种局面，青年嬴政必须敢动真格的，不能犹豫不决或心慈手软。但即便如此，青年秦王也并不在头脑发热中办下糊涂事。他审时度势，根据轻重缓急来处理国政，所以，他便拿开刀了。

在镇压叛党的过程中，嬴政显示出了他卓越而成熟的政治才干和管人手段，表现得既果敢又有节度，处乱而不惊，遇危而镇定，这正是专制政治家风度的体现。

坚决扼制"权臣"的影响力

下属做事干练、能力超强是件好事，他会站在前沿抵挡冗事杂务的侵扰，帮你解决一些棘手的问题。这样的人自然成为"权臣"，而权臣向来不怎么好管，如果他的影响力威胁到你对整个局势的控制，恐怕不管也得管了。

早在嬴政的先祖秦昭襄王时，当时的国相范雎就曾因昭襄王母亲和穰侯专权而提醒昭襄王，说："臣居山东，只听说齐有田单，而却没有听到关于齐王的事情；只听说秦有太后、穰侯、经阳、华阳，而不闻您的名声。能擅国者应称之为王，能专权昔应称之为王，能有生杀大权和威风者应称之为王。现在太后做事不顾忌您，穰侯出使外国也不向您汇报，经阳、华阳处理事务皆出于己，有这样权贵的人存于国内，国家要是不灭亡，还很少听说过。有了这四个人，哪里还有您王的位置呢？"

历史的经验有着惊人的相似之处，一百多年过去了，嬴政初为秦王秦国的前车之鉴又复重视，秦国目睹耳闻之处，都是吕不韦的声威。喧宾夺主，的确压过了年轻的秦王。此时在诸侯列国君臣当中，确乎有如没有嬴政这个真正的秦王存在。对于嬴政，如果说小时无知，还不知道什么大道理，而少时又无力掌管国家大事，可当他已经长大，又怎能容忍这种有名无实的做国君的滋味呢？

面对同样枝强干弱的局面，秦王嬴政处置吕不韦需要一个渐进突变的过程，眼下显然还不是时候，于是他先果断地斩杀了，想等到确有实力了，再向吕不韦果断出击，就像秦昭襄王果断地废弃太后并驱逐穰侯那样。果然，在处理完太后之事，政局趋于平稳之时，嬴政就罢了吕不韦的相权，并遣散了他的三千门客。

在当时，罢免一个让诸侯仰望、支持者众多的权臣，不能不找一个充足的理由，否则就难以让别人信服——理由其实早就尽在嬴政手掌了。

早在审理叛党的过程中，嬴政就已发现，正是由于吕不韦的推荐才得以受母后宠幸。并且，以前母后与吕不韦之间在世人口中传来传去的绯闻，也着实让他这个秦王的面子没处放，他还承担着是吕不韦私生子的压力，应该发泄一下了，不管吕不韦是不是其生身的父亲，作为一代秦王都是不能承认的，不仅如此，还要给他点颜色看，如果吕不韦不是身在相位，于国有用，还要杀他以灭口。既然吕不韦树大根深，那就慢慢上劲儿，戒急用忍，总之嬴政是铁了心要惩罚吕不韦。

在罢了吕不韦相国之后，嬴政的确想要杀掉他，然而回想吕不韦为秦国所做的杰出贡献和对父王的支持辅佐，又不忍心杀他。再加上众多大臣替吕不韦说情，嬴政终于放弃了杀他的念头。

当时情况是——"欲诛一相国，为其奉先王功大，及宾客辩士为游说者众，王不忍致法"。但放弃杀戮不等于就放了吕不韦，对这个才能非同一般的"仲父"，嬴政是永远不会放心的。

综观吕不韦的一生，从一个商人起家，并寻找机会与政坛搭线，凭着惊人的政治才干与经营智慧，纵横驰骋登上秦相之位。在做了相国之后，又倾尽全力辅佐嬴政的父亲庄襄王和嬴政，使秦国国势一日胜于一日，让秦国统一天下之事趋成定局。他以这样的才干掌秉国政，走到哪里，哪里振兴，自然是无法让嬴政放心。

吕不韦以那样卓越的睿智，站立在嬴政刚刚亲政的政治前沿，年轻而又想大有作为的嬴政对此岂能听之任之？从嬴政出生一直到亲政，吕不韦都是作为一个长者在他身边陪伴，吕不韦很清楚嬴政的个性，他对自己是不会轻易罢休的。

吕不韦被贬相之后，又被逐出咸阳，到洛阳的封地去了。然而嬴政发现，吕不韦回到封地之后，百姓们都欢迎他的归来，吕不韦的门客也纷纷转道来投，诸侯国的使者也不断地去宴请吕不韦。这又让嬴政不安了，他没想到吕不韦的影响力竟然有如此之大。

吕不韦为秦国所建的功绩嬴政自然清楚，正是他的功绩和他所实行的各种内外政策为他赢得巨大的名望。作为一名清醒的政治家，一代新的秦王，嬴政明白：吕不韦所赢得的这种尊重和名望一旦变成一种可怕的力量，就会危及大秦江山。所以，嬴政的担心是一种对吕不韦威望的担心，吕不韦在免相返回封国之后，仍接待各国诸侯派来的宾客、使者，这就很自然地促使嬴政产生猜忌之心，"恐其为变"。

嬴政越来越担心吕不韦像惠王时代的苏秦那样被聘以六国之相，到处宣扬合纵之说，最终说动六国联合抗秦，给秦造成了极大的威胁。假如吕不韦被贬之后，思想有所转变，成为六国的风云人物，怎可了得呢？经过一番考虑之后，嬴政决定抛开个人感情；抛开"受人点滴之恩，当以涌泉相报"的传统道德；对吕不韦再次做出处理。他写信给吕不韦，说："君何功于秦？秦封君河南，食十万户。君何亲于秦？号称仲父。其与家属徙处蜀！"

这两句话说得何等无情，所定吕不韦的罪由简直比莫须有还要莫须有，几乎就是颠倒是非。但这话从国君口里说出，就是吕不韦也不能再争辩什么了，他知道早晚难免一死，自我了结也比以后被以其他残酷方式杀戮要强得多。于是，吕不韦喝下毒酒，自杀身亡。在吕不韦死后，他的门客数千人偷偷地聚集起来为他办理丧事，这些人是自发且冒着生命危险来为吕不韦吊唁的，由此可以看出吕不韦在秦和诸侯国之中的影响之大。

在听到众门客吊唁吕不韦的消息之后，嬴政非常震惊，他下令对吕不韦的门客进行处置。命令中规定：凡是吕不韦的门客临丧的，如果是晋人，一律驱逐出境；如果是秦人，俸禄在六百五以上的官员一律免除爵位，迁到别的地方去；如果是俸禄在五百石以下的官职，又不曾临丧葬的，迁到别的地方后可以保留原来的爵位。最后嬴政又特别强调："从今以后，如果有像、吕不韦那样专横的，一律按照此例籍没他的全家为奴。"实际上，对于像吕不韦这样影响力极大的人，没有嬴政这样的铁腕还真的不容易制服，发展下去，势必形成尾大不掉的局面，嬴政管人的高明之处正在于此。

循序渐进，斩草除根

管人者的权威在某些特定条件下是受限制的，所以虽然对主要的害群之马须立定斩草除根的决心，但在条件不成熟的时候绝不能轻举妄动，而应循序渐进，以求一击成功。

公元前202年十二月，经过四年的浴血鏖战，刘邦终于赢得了楚汉之战的胜利。这年的十二月底，刘邦率领文臣武将离开还未打扫的战场，向设在定陶（今山东定陶北）的韩信的统帅部进发。

继续平定项羽的残余势力，这是刘邦来到韩信军的统帅部定陶以后，要迅速办理的大事，这说明他要做天下霸主的清醒意识。此时，刘邦的可贵之处就在于能够从汉王朝的长治久安着眼，开始以皇帝的身份和形象一步步地进行自觉的自我设计。他不贪图眼前一时的享受，不沽名虚妄，而是处心积虑地进行奠定大汉基业的长远打算。从此立场和角度出发，刘邦在定陶做的又一件大事，就是收回大将韩信的兵权。

　　垓下之战，刘邦阵营的主战军团，是韩信用来做前锋的三十万齐国军队。项羽灭亡后，最让刘邦担心的便是这股力量。幸好韩信军团中的骑兵与步兵主力的统领灌婴、曹参，都是刘邦的嫡系部下。特别是灌婴的骑兵主力，在垓下之战中功劳最大，获得项羽尸首的五大将领，均属灌婴部属，后均被刘邦以封侯奖赏。

　　北进的路途中，刘邦即与张良、陈平密议，消除隐患的谋略已成竹在胸。因此人马一到定陶，人不休息，马不停蹄，突然亲临韩信驻军大营。韩信闻汉王驾到，忙迎出帐外，不知刘邦突至，又有什么新的举动。刘邦步入帐内坐定，开口直言道："将军统军，屡建奇功，今又剿灭项王，寡人终身不忘。今强兵已灭，兵戈渐息，恐不复劳师，所以将军应交出兵符，择日返回封地了。"

　　韩信闻言，已知汉王之意，且目前态势又正如刘邦所说，因而也不好再说什么，当即取出兵符印绶，交还刘邦，自己移住驿馆，准备择日返齐。至前 201 年正月，刘邦又发布诏令，更立韩信为楚王，说楚地已定，义帝无后，齐王信出自楚中，习楚风俗，现改封为楚王，以淮北为封地，都下邳（今江苏邳州市西南）。

　　解除韩信兵权，使他无法构成威胁；更立他为楚王，收回已经答应赐予他的封地齐国，以四战之地的淮北为封地，就大大减少了韩信可能与他相抗的资本。

　　刘邦"攻其无备，出其不意"的统御谋略再次发挥了无坚不摧的神力。韩信智慧出众，谋略超群，是一位杰出的军事天才，可统百万大师，以奇计妙策克敌制胜，就是叱咤风云的西楚霸王都最终败在了他的十面埋伏阵里，被迫自杀而死。可是，韩信一旦遇见刘邦，却失去了智勇冠世的军事统帅之威，只能在刘邦的麾下乖乖听令，接受差遣。究其原因，就韩信本人而言，他的军事才能在当时是一流的，但政治眼光却是短浅的，在处理与刘邦的关系上，他虽有忠义之择，却又不无忧疑，心存有私，既缺乏萧何矢志不渝、忠心到底的品格，又缺乏张良功成身退的明哲。

刘邦收韩信兵权，并改封他为楚王这两项措施，显然是为防范韩信反叛而刻意所做的精心策划。首先，韩信的特长是带兵，帅而无兵，就不易兴风作浪。再者，齐国地广人众，有鱼盐之利，加之民风剽悍，自春秋以来就是东方大国，将这一重要地方封赏给韩信，刘邦既不乐意，更不放心，因而差不多在剥夺军权的同时，也宣布了改封他为楚王的决定。

明末清初的著名思想家王夫之对刘邦于楚汉战争刚刚结束就夺取韩信的兵权一事，十分赞赏。认为此举为"天下安宁所系"，"汉王南破项羽，还至定陶，即驰夺韩信军，天下自此宁矣。大敌已平，信且拥强兵也何为？故无所挟以为名而抗不听命，既夺之后，弗能怨也。如姑缓之，使四方卒有不虞之事，有名可据，信兵不可夺矣。夺之速而安，以尊宗社，以息父老子弟，以敛天地之杀机，而持伐之权于一王，乃以顺天休命，而以得以生。"王夫之的这种看法是很有见地的。在楚汉战争激烈进行的时候，由于调度不畅、节制受阻，刘邦就意识到了诸侯王们日后对汉朝中央政府所构成的威胁，内心深处同时已经酝酿着将来削平他们的计划。楚汉战争的硝烟还未散尽，他就不失时机地采取了这一断然行动，剥夺功劳最大、统兵最多，对汉朝中央威胁最大的韩信的兵权，从而以此为标志，开始了削平异姓诸侯王的行动。

由于楚汉战争中建立的功勋，所起到的作用，韩信的军事才能人所公认，名望和权势亦因之而有广泛的影响。刘邦曾经在众臣面前说过："连百万之众，战必胜，攻必取，吾不如韩信。"也正缘于此，更不能不对他时刻保持高度警惕。在刘邦眼里，韩信是一个不折不扣的危险人物，对新政权潜藏着最大威胁。而等到刘邦称帝以后，心怀有私的韩信显然已不仅是隐患的问题，而是确实起了反心。

公元前 201 年十月，韩信窝藏"头号战犯"原楚国大将钟离眜的问题，使刘邦找到了解决他的突破口。钟离眜原是韩信的故交好友。楚汉战争结束后，钟离眜成为汉王朝通缉归案的要犯，但韩信出于私人交情，将他藏匿。刘邦得知后下诏给韩信，要他速将钟离眜逮捕归案，但韩信出于朋友之情和侠义，拖延未予执行。

韩信居然抗旨不遵，刘邦自然恼火，此时的韩信若同夏侯婴、朱家救季布一样，亲自为钟离眜求个人情，讲明道理，凭当时刘邦招降纳叛的宽大政策和统御谋略，不能说一定会起用钟离眜，但至少不会置他于死地。然而韩信既不知避蓄存军事人才之嫌，又缺少两全之策，陷于被动，使刘邦有了打击和惩治他的正当理由。恰在此时，刘邦派到楚地的耳目又报告：韩信"行县邑，陈兵出入"，有谋反之嫌，无异于火上浇油，使得刘邦终于忍无可忍，立即召集文臣武将谋划对策，众将军们慷慨激昂，一致主张即刻发兵，对韩信进行大张旗鼓的讨伐。

而当群情激愤之时，刘邦反而超乎平常地冷静下来，显示了他政治斗争智慧的成熟。他思忖再三，觉得这样做并没有必胜的把握，再者虽然由于两人之间在楚汉战争后期出现裂痕，战后更进一步加剧了信任危机，彼此之间任何时刻都警惕着对方的动静，但此时密报韩信造反，也实在缺乏事实根据。一旦发兵征讨，兵戈相见，韩信当然会求自保而全力抵抗，弄不好，刘邦还真不是他的对手。

刘邦反复斟酌，不能贸然决定，于是转而征求陈平的意见——之所以向陈平讨计，目的就是希望本着智取原则而免于兴师动众，这是刘邦对敌斗争的一贯主张，是他的一大优点。

陈平得知请将意见后，反问刘邦："陛下现有兵力，可有取胜把握？"刘邦说："难以料定。"陈平又问："陛下属将，有谁比得上韩信文武兼备？"刘邦说："难以找出。"陈平接着说道："兵难胜楚，将不及信，若发兵征讨，促成战事，恐韩信不反也要反了。而且一旦兵戈相见，胜负实难料定。此非上策，我为陛下担心。"刘邦忙问陈平："那该咋办？"陈平想了想说："有人上书说信反，信知否？"刘邦说："时间不长，信恐不知。"陈平这才献策道："既如此，陛下可知古时天子巡游必会诸侯，臣闻南方有云梦泽（今湖北潜江市西南），陛下可学古人出游云梦，依遍召诸侯之例，使会于陈地，陈与楚交境，信身为楚王，闻陛下无事出游必前往拜谒，陛下乘机伏下甲兵可将其轻易拿擒，何须大动干戈？"

刘邦对这个献计表示满意，马上予以采纳，遣使四出，说高祖出游云梦，诏令诸侯会集陈地。

皇诏传至下邳，韩信半信半疑，他已两次被夺去兵符，心知刘邦好疑多诈，加上曾有抵触违令的表现，心知肚明，所以格外留心。但他虽然心存疑惧，却在如何行动上拿不定主意，是发兵反抗好呢？还是前往拜谒好？发兵反抗，没有什么借口，也没有必胜的把握，再说也没有造反的事实根据抓到刘邦手里，由此获罪，实在不值得；堂堂正正地前去谒见刘邦，又怕遭到暗算。因而他难下决断。属下见此，进言道："大王非无过失，招皇上猜忌，主要是因收留钟离眛一事。如将其斩首，持其首拜谒见皇上，皇上一定心喜，大王还有何忧？"韩信心里很矛盾，思考再三，也感到只有此法或可摆脱厄运，在生命攸关的问题上，韩信只得试探一下，于是去见钟离眛，将手下谋士的话直言相告。钟离眛知其意，亦含怒直言："汉帝不敢击楚，是恐眛与大王相连，若捕眛献汉，我今日死，大王便明日亡。"说完观信动静。良久，韩信仍无动于衷。钟离眛长叹一声，起身言道："大王非君子，我不该投身于此！"说完，拔剑自刎而死。

十二月，当韩信持钟离眛之首到陈（今河南淮阳）谒见高祖时，刘邦如愿以偿地将他捕获。至此，他才明白果真中了刘邦的诱捕之计。自投罗网的韩信满腹委屈，愤怒地对刘邦说："果如人言，'狡兔死，良狗烹；高鸟尽，良弓藏；敌国破，谋臣亡'。天下已定，我固当死。"韩信引述春秋时越国范蠡的名言，道出了古代君臣可共患难，不可共安乐的古训。刘邦听后哈哈大笑，回敬韩信说："有人告你谋反，我不得不拘你。"

刘邦将韩信带至洛阳以后，有大夫田肯进言，含为信求赦之意，说及韩信三大功劳：一是还定三秦；二是平定齐地；三是垓下灭楚。细思起来，刘邦也觉得韩信功大过少，若将他下狱论刑，恐滋众议，就将他赦免，但同时决定贬他为淮阴侯，留在京中加以监视。

　　平心而论，刘邦此时的确找不到韩信谋反的证据，因为他这时候既无谋反的思想准备，更没有谋反的行动。包庇一个逃犯钟离昧，在封国内簇兵招摇巡视，纵有不妥，亦构不成谋反罪。然而韩信的致命弱点就在于他的思想还停留在列国林立的时代，认为在封国之内他有权任意处置一切，对于在专制主义中央集权条件下做一名诸侯王很不适应，因而与汉中央的矛盾和冲突就难以避免。韩信善于立功，却不会避祸。在一些君王十分敏感或忌讳的事情上不知避嫌，政治乏智却自恃过高，锋芒毕露而终招杀身之祸。

　　刘邦未动刀兵就生擒韩信，但并未就此杀掉他，而是贬职监视起来。从当时的处境着想，韩信如能以此为转折点，在与刘邦的关系处理上像萧何一样谨小慎微，且忠心到底，或像张良一样急流勇退而明哲保身，刘邦即使想除掉他也找不到正当理由和事实根据，如此尚可颐养天年，得以善终。可惜的是他并没吸取教训，做出明智的选择，相反却委屈终日而耿耿于怀，同时在这种恶劣情绪支配下内心深处的叛逆意识反倒强烈增长。他先是采取一种消极的反抗办法，常常"称病不朝从"，觉得由王降为侯，地位与灌婴、周勃、樊哙等原来的部下等同，十分难堪，心情异常郁闷。

　　有一次，他来到樊哙的居处闲聊，樊哙因他曾是自己的上级，在军中又享有颇高的威望，因此以接待君王的礼节来接待韩信，恭恭敬敬，言必称臣，迎送时均行跪拜大礼。哪知一走出樊哙的家门，韩信却无限感慨地自嘲说："想不到我韩信今生竟混到与樊哙这样的人为伍的地步了！"可见韩信是一个自视甚高、太爱面子又傲世不驯，不堪寂寞的人物。刘邦知韩信不满，但因他权位已失，料已无甚大碍，也就不多与他计较，气量也大了起来，有时还找他聊聊天。可此时韩信已萌发了造反的念头，并且以"天下英雄我第一"，傲气不减当年，时时锋芒毕露却并不知觉。

韩信的骄纵日益增长，已经达到自病不觉的程度。一天，刘邦和他谈及朝中诸将能力的高下，韩信一通品评，竟没一个满意者。刘邦目视韩信，问道："像朕，能领多少兵马？"韩信随口道："陛下统领兵马，最多不过十万。"刘邦面露不悦，反问道："卿又能领多少？"韩信很自得，答道："像臣，多多益善！"刘邦也很不客气地说："既如此，卿何以被朕所擒？"韩信至此，才感觉言语欠妥，愣了片刻，只好回答说："陛下不善统兵，而善驭将，为此臣才被陛下所擒。且陛下所为，均由天授，非人力所能及。"言罢，俩人相视而笑。经此番对话，刘邦心中对他的疑惧有增无减。

接下来数年近于囚徒般的生活，耐力不足的韩信经历了由失望、怨尤到愤怒、仇恨的心路历程，最终发展到走上了谋反道路。他时时痛悔当初不听蒯通之言，不断思考对刘邦的"负义"如何报复。不久，他抓住了一个"机会"。

韩信与阳夏侯陈豨感情甚笃，恰巧刘邦任命陈豨以代相国的职务监领代、赵两地兵权。陈豨赴任前，到韩信处辞行。韩信把左右的人都支开，拉着陈豨的手走到了庭院中，仰天长叹道："能与将军说说心里话吗？"陈豨恭敬地说，惟将军之命是从。韩信遂与他密谋说："将军要赴任的地方是天下的军事战略要地，而将军却不是陛下所亲信的近臣。如果初次有人告你谋反，陛下不一定会怀疑，如果再有人告你造反，陛下就会有所怀疑，等到第三次有人告你，陛下就会坚信不疑，必将亲自带兵来讨伐你。届时，我在京师起兵与你里应外合，天下即可属于你我二人。"

陈稀对韩信的这种谋略深信不疑，于是俩人就这样定下了相机起兵，推翻刘邦汉室的阴谋。

本着这一思想，陈稀到任以后，果然开始蓄养大批宾客勇士，为叛乱做暗中准备。有一次，陈稀假满归镇时，路过邯郸，随行车队竟有千乘，偌大的邯郸官舍都容纳不下，由此暴露了叛乱形迹。按照礼仪，这是一种僭越。因此赵相周昌上书对陈稀提出弹劾，刘邦下令调查，惊恐不安的陈稀由此也加速了谋反的步伐。

公元前197年（汉高祖十年）九月，陈稀终于在代地公开举起了叛旗，自立为代王，蔑视朝廷。刘邦亦如韩信所料，亲自率军征讨。临行时，刘邦已怀疑韩信与陈稀有勾结，就故意要求韩信随军赴前线效力。韩信认为这正是他在京城举行谋叛的良机，因而称病不从。他一面派出心腹秘密与陈稀联络，一面与家臣密谋，决定乘夜间诈称皇帝诏书，骗过监管官吏，释放京城监狱中的囚徒和官奴，以他们为兵变的武装力量，袭击吕后和太子。一切部署既定，只待陈稀密报一到就开始行动。然而却有所不料，因此时淮阳府中有一舍人得罪于韩信，信囚其欲杀，舍人之弟为救兄，便将韩信的密谋告发于吕后。

吕后打算立即召见韩信加以惩处，又恐其识破难以达到目的。于是同相国萧何商量，让人诈称从代地前线归来，报告陈稀兵败身死，令群臣皆上朝祝贺。韩信听到这个消息，正在惊魂未定不知所措之时，萧何登门拜望，他不得不出来相迎，萧何劝道："主上遣使报捷，诸将皆贺，虽身体不适，也应入宫道贺，以释众疑，为何杜门不出呢？"

由于心中藏私，恐别人生疑，听了萧何的话，韩信勉强入宫朝贺。刚一进宫门，迎接他的便是全副武装的卫士，回顾萧何，已不知所往，唯有吕后坐在殿中怒目以待，韩信只能束手就擒，并最终被诛。

强迫越轨者出局

管人者的有力武器是手中的权力，但当个别下属侵蚀了你手中的权力时，你必须认识到，这不仅是对你作为领导者个人的不敬，而是对整个组织管理秩序的破坏。因此，必须让他归其本位，正常的手段不行就只能强迫其出局，总之必须把"管人"的权力，收回到自己手中。

康熙就是采取强迫的方式让越轨者鳌拜出局的。

随着年幼的康熙逐渐长大，要求皇帝亲政的呼声愈来愈高。康熙以"辅政臣屡行陈奏"为由，经皇太后同意，于康熙六年七月初七举行亲政大典，宣示天下开始亲理政事。

鳌拜本想借索尼去世之机，越过遏必隆、苏克萨哈，攫取启奏权和批理奏疏之权，成为真正的宰相，不料想皇帝准备亲理政务，使他的希望破灭了。但他又不愿归政，拉苏克萨哈和他一起干预朝政，试图以太祖太宗所行事例来压制康熙帝。而苏克萨哈一向鄙视鳌拜所行，非常愿意归政于帝，故断然拒绝了鳌拜的要求，鳌拜便转而陷害苏克萨哈。

康熙尽管已明示天下开始亲理政务，但辅政领导内三院及议政王大臣会议的政治体制并未立即改变，辅臣朝班位次仍在亲王之上，并继续掌握批理章疏大权。而且鳌拜的党羽已经形成，势力强大。

甚至敬谨亲王兰布、安郡王岳乐、镇国公哈尔萨等人也先后依附于鳌拜。特别是在上三旗中，鳌拜已占绝对优势，镶黄旗全部控制，正黄旗随声附和，正白旗遭受了严重打击和削弱，而宫廷宿卫则完全由上三旗负责，康熙仍处境困难。

正白旗辅政大臣苏克萨哈不甘心与鳌拜同流合污，但又无法与之抗争，便产生隐退念头，遂于康熙亲政后的第六天，以身患重疾为由上疏要求"往守先皇帝陵寝"，并含蓄地提到自己迫不得已的处境。此举自然也有迫使鳌拜、遏必隆辞职交权的意图，因而更引起鳌拜的不满。他矫旨指责苏克萨哈此举，并令议政王大臣会议讨论此事，然后操纵议政王大臣会议，颠倒黑白，给苏克萨哈编造了"不欲归政"等二十四款，拟将苏克萨哈及长子内大臣查克旦磔死，其余子孙无论年龄皆斩决籍没，族人前夕统领白尔赫图等亦斩决。康熙"坚执不允所请"，而鳌拜强奏累日，最后仅将苏克萨哈改为绞刑，其他仍按原议执行。这使康熙又一次受到震动。

而鳌拜除掉苏克萨哈后更加肆无忌惮，不仅朝班自动列于遏必隆之前，而且将一切政事先于私家议定然后施行，甚至在康熙面前也敢呵斥部院大臣，拦截章奏。蒙古都统俄讷、喇哈达、宜理布等因不肯在议事处附和鳌拜即被逐出会议，而鳌拜的亲信即便是王府长史一类的小官，也可以参与议政。更有甚者，鳌拜可以公然抗旨，拒不执行。如其亲信马迩赛死后，康熙明令不准赐谥，鳌拜竟不执行，仍予谥号。在此情况下，康熙决计除去鳌拜，只是鳌拜势力强大，不能掉以轻心，必须以计擒之。

康熙七年（1668年）九月，内秘书院侍读熊赐履上疏建议革除朝政积弊，并把矛头指向鳌拜。此疏深为康熙赞同，但康熙以为时机尚未成熟，不能打草惊蛇，便斥之"妄行冒奏，以沽虚名"，声称要予以处罚，借以麻痹鳌拜。而暗地里，康熙却在悄悄部署捉拿鳌拜的各项准备工作。鉴于鳌拜在侍卫中影响较大，原有侍卫不足依靠，他特地以演练"搏击之戏"为名，选择一些忠实可行的侍卫及拜唐阿（执事人）年少有力者，另组一支更为亲信的卫队善扑营，并请在上三旗侍卫中很有威望的已故首席辅政大臣索尼次子、一等侍卫索额图为首领。当时索额图改任吏部侍郎不足一年，遂"自请解任，效力左右"。

为了保证捉拿鳌拜行动的顺利进行，在行动之前，康熙还不露声色地将鳌拜党羽以各种名义先后派出京城，以削弱其势力。

康熙八年（1669年）五月中旬，一切安排就绪。康熙于十六日亲自向善扑营做动员部署，并当众宣布鳌拜的罪过。随即以议事为名将鳌拜宣召进宫擒拿。当时鳌拜全然没有觉察到异常情况，一如往常那样傲气十足地进得宫来，甚至于看到两旁站立的善扑营人员时也没有产生怀疑，因为在他看来，年轻的康熙不会也不敢把他怎么样，因而将善扑营人员聚集宫中看作是康熙迷恋撑跤游戏的一种表现，根本没有想到自己很快就要成为阶下囚。

康熙待拿下鳌拜等人后，亲自向议政诸王宣布了鳌拜的有关罪行：营私结党"以欺朕躬"；御前随意呵斥大臣，目无君上；打击科道官员，闭塞言路；公事私议，"弃毁国典"；排斥异己等。总之是"贪聚贿赂，奸党日甚，上违君父重托，下则残害生民，种种恶迹难以数举"，要求议政王大臣会议勘问。

以康亲王杰书为代表的议政诸王，原本不满鳌拜的专横跋扈，现在见皇上已擒拿鳌拜并令其勘问议罪，所以很快就列出鳌拜欺君擅权、结党乱政等三十款大罪，议将其革职立斩，其族人有官职及在护军者，均革退，各鞭一百后披甲当差。

处理意见上报康熙后，康熙又亲自鞫问鳌拜等人，并于五月二十五日历数其"结党专权，紊乱朝政"等罪行后，宣布：鳌拜从宽免死，仍行圈禁；遏必隆免重罪，削去一应爵位；畏鳌拜权势或希图幸进而依附鳌拜的满汉文武大臣均免察处，并于六月七日降谕申明："此等嘱托行贿者尚多……俱从宽免"，从而有效地防止了株连，稳定了人心。凡受鳌拜迫害致死、革职、降职者均平反昭雪，已故辅政大臣苏克萨哈等人的世职爵位予以世袭。因而此案的处理颇得人心。

议处鳌拜、废除辅政大臣体制后，重要的批红大权收归皇帝之手，康熙从此便坚持自己批阅奏折，"断不假手于人"，即使年老之后也是如此，从而防止了大臣擅权。康熙还从鳌拜事件中吸取教训，严禁怀挟私仇相互陷害。

康熙智除鳌拜，一方面除去了自己亲政的最大障碍，同时对其他权臣起了震慑作用。整个事件的处理非常周密、完满、妥帖，充分显示了青年康熙在政治上的成熟。

第五章
施威：管人无威无以服众

威是管人者有效管人的必备条件。有了威，下属在你面前才会把你当回事。但威也不是自然而然就能树立起来，而要善于挥舞施威的大棒，对犯规违禁越雷池者，当打则打。风声鹤唳之中，你一句话的效用才越大，作为管人者的领导形象才越来越清晰、越来越高大。

让能干的下属有所畏惧

作为一个领导，应该让下属对自己有所畏惧，因为这样才能够使他们服从管理。有些自恃有一定专长，或自恃短期内很难找人替代他的工作的人，往往难以管束，视规章如无物。对于这种人，一定要实施严格的管理，让他知而改过。

　　汉高祖刘邦之所以能在与项羽的竞争中胜出，就是他善于管人。有人说，刘邦的面，刘邦的心，比较别人特别不同，可称天纵之圣。这不仅表现在他斗项羽的过程上，在驭下管人时，他也几乎时时处处无不厚黑，不时找出适当的借口对大臣施威，敲山只为震虎，使部下有所畏惧，谨慎行事。

　　萧何一生始终谦恭谨慎，不矜功，不伐能，不图名，不争利；善于体察君王心意，委曲求全；甚至不惜以自污的方式化解主疑；他总是战战兢兢、如临深渊、如履薄冰地忠主敬业。但即使如此，他在晚年还是蒙受了一次无端的冤屈。有一次，萧何向高祖上了一道奏章，说由于长安都城人口增多，田地不够耕种，请求把上林苑的荒废空地拨给百姓开垦，既可以收获些粮食补充民用，豆麦秆叶还可作苑中禽兽饲料。哪知汉高祖看了奏章以后，却怀疑他是有意讨好百姓，收买人心，便怒气冲冲地把奏章往地上一掷，骂道："相国一定是受了商人的财货，居然敢来请我的上林苑地，这还得了！"立即传令把萧何抓起来，关进大牢内。可怜萧何20多年如一日地兢兢业业办事，谨慎小心地做人，多次化解了高祖的猜疑之心，不料到了鬓发斑白的时候居然祸从天降，心中感到无比的冤闷！但萧何深知高祖的为人，因此，他越是处在这样的时候，越是冷静，虚中自守，不上诉，不辩解。他知道，要不了几天，高祖就会放他出去的。

　　几天以后，一位姓王的卫尉当值。他见高祖背垫着枕头半躺着，心情比往日好些，便上前跪问："陛下，相国犯了什么大罪，被关进监狱？"高祖说："朕听说李斯作秦始皇的丞相，凡有善行就归功皇上，有恶行就自己承担。可是萧何竟然私受商人的钱，为他们请我的上林苑去讨好百姓，收买人心。所以应该治他的罪。"王卫尉说："陛下，臣以为萧相国无罪。宰相的职责是为民兴利，萧相国请开垦上林苑荒地正是他应尽之责。陛下怎么怀疑他是收受贿赂讨好百姓呢？况且当初陛下与项羽相争数年，随后又出讨陈稀、英布的叛乱，每次陛下出征在外，都是相国留镇关中。如果相国有二心的话，只要他当时稍一动作，整个函谷关以西早就不是陛下的了。但相国却从来不贪图私利，始终忠于陛下，难道今天反而贪求商贾的那点钱财么？至于秦始皇，他正是因为不听臣下批评，一意孤行才亡了天下。李斯就是能为他承担过失，又哪里值得效法呢！陛下未免把相国看成浅薄小人了。"其实高祖当然知道萧何素来谦恭，只不过借口挫辱他一下，显示一下自己的权力，敲山震虎，树立自己威严，并未真想治萧何的罪。但此心思怎好让人知道呢？高祖听完王卫尉一席话，嘴上自然不便说什么，沉默了一会，便命派使者持节将萧何赦免出狱。

萧何出狱后来不及回家换洗，便衣衫邋遢，光着脚丫子跌跌撞撞地进宫谢恩。高祖说道："相国大可不必多礼了。相国为民请求垦种苑中荒地，我不允许，我不过是夏桀、殷纣那样的君主罢了，相国才是贤相。我关押相国，就是想让百姓知道我的过失啊！"萧何赶紧磕头称谢退去。从此，萧何行事更加恭谨了。

从管人的角度讲，我们不能说刘邦做错了什么，因为等到你手下居大功掌大权者要起"大牌"来，再去管他恐怕也管不住了。

迁就有度适时威慑

有些下属业绩好、功劳大、资格老，凭借这些，他们可能盛气凌人，不可一世。这类人往往四肢发达，头脑简单，属于急性子，躁脾气。对待这种下属，需要肯定他的成绩，适当安抚迁就，但也不能一忍再忍，一让再让，否则，他可能会忘乎所以。

尉迟敬德，原在义军宋金刚手下，后归李世民，为唐朝开国大将，广立战功。为人鲁莽骄悍，却又忠正刚直。

一次，唐太宗与吏部尚书唐俭下围棋，唐俭抢先占据有利位置，与太宗发生争执。太宗一时动怒，就下令把唐俭调出中央，贬为潭州刺史。但仍余怒未消，便对尉迟敬德说："唐俭轻视我，我想把他杀了，你替我作证，就说他对我有怨气，出口不逊。"第二天，唐太宗便让尉迟敬德和唐俭当面对证，敬德叩头至地，说："我确实没听说过。"唐太宗反复再问，还是这样回答。唐太宗一怒之下把手上的玉板摔碎在地，拂袖入内。尉迟敬德依仗自己有功，便骄傲放纵自己，经常盛气凌人，招致同僚们不满。曾有人告他谋反，唐太宗倒不轻信，找来问询是否当真。敬德说："臣随陛下讨伐四方，身经百战。如今幸存者，只有那些刀箭底下逃出来的人。天下已经平定，臣子会谋反吗？"说着把衣服脱下扔在地上，露出身上的累累伤痕。唐太宗李世民只得好言好语安慰敬德一番。

但尉迟敬德骄纵成性，毕竟难改。一次太宗大宴群臣，尉迟敬德和在座的人较短长，争论谁是长者，一时性起，竟然殴打了白城王李道宗，弄瞎了道宗的一只眼睛。皇上见敬德如此放肆，十分不悦而罢宴。唐太宗便对敬德说："我要和你们同享富贵，而你却居功自傲，多次犯法。你可知古时韩信、彭越如何被杀？那并不是汉高祖的罪过。"尉迟敬德这才有些惧怕，从此以后，行为才有所收敛。

尉迟敬德这样骄横却又正直的人，必须施之以恩，使其感动，但必须抓住其弱点，给予其适当的恫吓，起到威慑的作用。为感慨唐太宗李世民驯服悍臣尉迟敬德之事，有诗叹曰：居功悍将气凌人，明主恩威驯莽臣。巧借韩彭喻今古，尉迟醒梦汗淋淋。

像尉迟恭这样的武将，虽正直不阿，但也往往有行为粗暴头脑简单的缺点，根据其性情因势利导施法威慑，还是必需的。唐太宗可说管得恰如其分。

黑脸白脸一起唱

作为领导者，有时候对故旧施威可能会碍于情面，苦无良策，这时就需要与人配合，各扮角色。一个扮黑脸，一个扮白脸；一个砸场，一个收场，管人效果自然不同。

永熙三年，高欢立十一岁的元善见为帝，迁都邺，史称东魏。次年，宇文泰在长安立元宝炬为帝，史称西魏。北魏正式分裂成东、西魏。

东魏政权仅存在了十多年，一直由高欢、高澄父子控制朝政。高欢依靠鲜卑军人起家，又得到了汉族豪强的支持而夺得政权，上台后，他吸取了尔朱氏失败的教训，留心接纳汉族士大夫，注意笼络鲜卑贵族。但是，他对官员的贪污聚敛、为非作歹不闻不问，东魏吏治日趋腐败。行台郎中杜弼要求高欢整肃吏治，高欢说："天下贪污，习俗已久。今带兵的鲜卑将帅的家属部将都在关西，宇文泰经常对他们笼络招降，他们也在犹豫观望；江东又有南梁萧衍，汉族士大夫都认为他是汉室正统。我如果急于整肃，恐怕鲜卑将帅将投奔宇文泰，汉族士大夫则归向南梁，人才流失，我何以立国，还是慢慢来吧！"杜弼不以为然，在高欢准备出兵攻打西魏时，又要求高欢先除内贼。高欢问他，谁是内贼，他说："掠夺百姓的勋贵就是。"高欢没回答，令军士排列两边，举刀、挺矛、张弓，要杜弼从队伍中走过去。面对刀枪出鞘、怒目而视的鲜卑军人，杜弼吓得冷汗直流，战战兢兢。高欢开口说："箭虽在弦上而未发，刀虽举而未砍，矛虽挺而未刺，你便吓得失魂落魄。诸勋贵却要冒枪林弹雨，百死一生，他们虽有些贪鄙，但功劳是很大的，能将他们与常人一样看待吗！"

高欢的姐夫尉景贪财纳贿，被人告发，高欢叫优伶石董当他的面，像演戏一样，一边剥尉景的衣服，一边说："公剥百姓，我为何不剥公？"高欢在一旁说："以后不要贪污啊！"尉景却说："我与你比，谁的财产多？我只在百姓头上刮一点，你却刮到皇帝头上了。"

东魏的都城在邺，高欢却一直住在晋阳（今山西太原西南），将朝政委于其信任的孙腾、司马子如、高岳和高隆之，人称"邺中四贵"，他们专恣朝政，骄横贪枉，权熏内外。高欢既不想得罪权贵，也不愿看着他们坐大，便任命其子高澄为大将军，领中书监，大权尽发高澄。太傅孙腾自以为是其父辈，又是功臣元老，进大将军府，不等招呼便坐下了。高澄给了他一个下马威，令左右将他拖下座，用刀背抽打他，并令他站在门外。高隆之随高欢起兵山东，高欢称其为弟。一次，高澄的弟弟高洋对高隆之叫了声"叔父"。高澄马上沉下脸，骂了高洋一通，使高隆之下不了台。高欢假装关切地对公卿大臣说："孩子长大了，我也管不住了，你们要注意回避些。"从此，公卿大臣见了高澄都非常害怕。

尚书令司马子如是高欢的旧友，位居高位，权倾一时。他与太师、咸阳王元坦贪得无厌。御史中尉崔暹、尚书左丞宋游道先后弹劾他们，奏本写得非常严厉。高澄将司马子如收押起来。一夜之间，司马子如头发都急白了，他说："我从夏州投奔相王（高欢），相王送我露车一辆、曲角母牛一头。牛已死了，曲角尚在。此外，我的财产都是从别人那里掠取来的。"高欢、高澄如此动作只是为了警告这些权贵，并非真要处置他们。高欢写信给高澄说："司马子如是我的故旧，你应该宽贷他一点。"高澄得信，正骑马在街上，立即令人将司马子如带来，脱去枷锁。司马子如惊慌地说："莫非要杀头吧？"高澄放了他，并免去了他和元坦的官职，其余涉嫌的大小官吏或杀或罢官，过去谁也不敢触动的案子都一一办妥了。几个月后，高欢见到司马子如时，他已憔悴得不成人样了。高欢亲昵地把司马子如的头靠在自己的膝上，亲自为他捉头上的虱子，又赐给他一百罐酒，五百头羊，五百石米。他对邺城的权贵说："咸阳王、司马子如都是我的布衣之交，与我的关系你们谁能超过他们，他们犯法，我也不能救他们，你们要小心啊！"

高欢父子一个扮红脸，一上扮白脸，一个依法治人，一个以旧恩笼络，恩威并施，巧妙施展权术来驾驭公卿贵戚。

"恩威并用"由高欢父子配合使用起来更显得紧凑，既不伤故旧和气，而又达到统御目的，尤其对那些有功之人更适合些。

为诛恶不妨将错就错

管人者要坐稳位置，达到令出有所从，政出有所拥，就必不可少地要采用将错就错这一手段。有过不诛则恶不惧，理尽于此。

魏文侯时，任西门豹做邺都（在河南省）太守。西门豹上任后，见闾里萧条，人民很少。便召当地的父老到来。问民间有什么疾苦，弄到这般！父老异口同声说最苦就是河伯娶妇了。

"奇怪！奇怪！河伯又怎能娶妇呢？"乙西门豹惊讶说："其中必定有袖里乾坤，说给我听吧！"

其中一位说："漳水自漳岭而来，由沙城而东，经过邺都，是为漳。河伯就是漳河之神，传闻这个神喜爱美女，每年要奉献一个夫人给他，就可保雨水调匀，年丰岁稔，不然的话，河神一怒，必致河水泛滥，漂溺人家。"

西门豹问："究竟是谁搅的花样？"

"是那一帮神棍搅的。这一带经常患天灾，人民甚苦，对于这件事又不敢不从。每年那帮神棍串通一班土豪及衙役，乘机赋科民间几百万，除少许作为河伯娶妇费用外，其余便二一分作五，分入私囊去了。"

"老百姓任其瓜分，难道一句话也不说？"

"唉！"父老说："试问在公势与私势的胁迫之下，谁敢说半个不字！何况他们打着为百姓服务的官腔。每当初春下种的时候，那帮主事神棍及乡绅人等，便到处去寻访女子，见有几分姿色的，便说此女可以做河伯夫人了。有父母不愿意的，便多出些钱，叫去找别一个；没有钱的唯有把女孩送上。这样，神棍便领这女孩到河边的'行宫'住下来。沐浴更衣，然后择一吉日，把女孩打扮一番，放在一条草垫上，浮在河里，漂流了一会便自行沉下去做河伯夫人。这样一来，凡有女孩的人家都纷纷迁徙逃避，所以城里的人越来越少。"

西门豹一边听，一边眉头越皱越紧，问："这里的水灾情况怎样？"

"还好，自从年年进贡了河伯夫人之后，没有发生过漂家荡产的大水灾。但究竟因本处地势高，有地方没有水源，没有水灾。可又有旱灾之苦！"

"好吧！"最后西门豹说："既然河伯这么有灵，当娶新夫人的时候，请来告诉我去观观礼！"

到时，那几位父老果然采告诉西门豹，说本年度的新夫人已选出，定期行礼了。

这是一个隆重的日子，西门豹特别穿起官袍礼服，命令全城官绅民等参加。远近百姓闻讯从四乡跑采看热闹，河边聚集了几千人。盛况空前。

一位"媒人"乡绅，把主事的大巫拥过来了。西门豹一看，原来是一个老女，一副了不起的傲态，她后面跟着廿多位女弟子，衣冠楚楚，捧着巾栉炉香，侍候在左右。

西门豹开口问："请把那位河伯夫人带过来给本官看看好不好？"

老巫不说话，示意弟子去把河伯夫人带来。

西门豹很注意的审视该未来的河伯夫人，见她鲜衣素，不见得怎样漂亮，而且愁容满面的。便对老巫及左右的官绅弟子说：

"河伯是位显赫的贵神，娶妇必定是位绝色的女子才相称，我看这位女子，丑陋得很，不配做河伯夫人。现请大巫先去报告河伯，说本官再给他找一位漂亮的夫人，然后改期奉献给他。"

他一面叫左右卫士把老巫丢下河里去。左右的人大惊失色，西门豹若无其事地立静等候。

一会，又说："老妇人做事太没劲了，去报信这么久还不见回采。还是派一位能干的弟子走走吧！"

又催卫士把为首的一位女弟子抛下河去，不久又说："连弟子都不回话了，再叫了位去！"

连续抛了三个弟子落去，一个也没有回头。

"哦！是了。"西门豹还像演戏一样，说："他们都是女流之辈，不会办事的，还是请一位能干绅士去吧！"

那绅士方欲恳求，西门豹却大喝一声："毋要推搪，速去速回！"

卫士于是左牵右拉，不由分说，"咚"的一声，将绅士丢下河里去，溅起一阵水花，旁观者皆为吐舌，靠近的不敢出声，远站着在交头接耳。

只见西门豹整衣正冠的，向河里深深作揖叩头，恭敬等候。过了好一会，他又说话。似埋怨着：

"这位乡绅简直泄气之至，平日只晓得鱼肉乡民，连这点小事都办不来，真是岂有此理！——也罢，既然他年老不济事，你们这班年轻的给我走一走！"他顺手向那班衙役里长一指。

吓得他们面如土色，汗流浃背，一齐跪下去，叩头哀求，血流满面，都像打摆了发冷一样。

"且再待一会吧！"西门豹自言自语说。

又过了一刻钟光景，西门豹感叹一声，对大家说："河水滔滔，去而不返，河伯安在？枉杀民间女子，你们要负起全部责任！"

"启禀大爷！我们是被骗的，全是女巫指使！"众人异口声说。

"混蛋！"西门豹正色斥责起来："好人又怎会跟坏人做坏事？今日姑且饶你们一次，给你们重新做人机会！""多谢大老爷！""可是，今朝主凶的神棍已死，以后再有说起河伯娶妇的事，即令其人做媒，往河伯处报讯！"

因此，把这班助巫为虐的财产没收，全部发还给老百姓，将那批女弟子配给年长的王老五做老婆。巫风邪说遂绝，逃避他乡的居民亦纷纷回故里安居。

立威一定要掌握好火候

　　同样的鱼肉蛋菜，有的人能炒出香味扑鼻、吊人胃口的佳肴，有的人却只能做成平淡乏味、有失本色的便菜。其中的奥妙和诀窍何在？有经验的厨师会告诉你两个字：火候。火候不到，不会香甜可口；火候过了，又会煮烂烧煳。只有火候恰到好处时，才会色香味俱全。炒菜如此，管人的道理亦然。掌握火候，把握分寸正是一个领导者要悉心注意的。

　　火候，也就是适度。管人的过程中，怀柔虽好，但过犹不及，过度的怀柔，会影响到你的权威，你的位置也便难以坐稳了。

　　元帝名刘奭，于昭帝元凤六年（公元前75年）生于民间。刘奭是宣帝长子，地节三年（公元前67年）被立为太子。黄龙元年（公元前49年）十二月，宣帝病死，刘奭即皇帝位。元帝时期，西汉王朝已历经150余年，积弊累累。元帝愚弱，加之宦官用事，政治腐败，西汉王朝由此而走上衰亡之路。

　　西汉王朝最主要的社会积弊便是地主豪强势力发展，土地兼并日趋激烈，广大农民破产流亡。早在宣帝末年，胶东、渤海等地的破产农民，不断举行暴动，连宣帝本人也不得不承认当时"民多贫，盗贼不止。"元帝面对前朝积弊，非但不除，反而任其发展。史称元帝"柔仁好儒"。元帝所好之儒，基本上是孔子所提倡的以"宽柔温厚"为主要特征的儒学。汉自武帝以来，虽然重儒，但实际上是王霸兼施。正如宣帝所说："汉家自有制度，本以霸王道杂之，奈何纯任德教。"宣帝生前对刘奭的"纯任德教"的俗儒主张，即非常不满，并深为之忧虑。他曾说道："乱我家者，太子也。"为此，宣帝曾欲以"明察好法"的淮阳王刘钦代替刘奭为太子，只是由于顾念其母许氏的旧情才没有实现。

元帝即位后，"征用儒生，委之以政"，儒生贡禹、薛广德、韦贤、匡衡相继为相。元帝为政，动则引证《诗经》等儒典，迂腐地推行"纯儒政治"。应该说元帝一朝确实是实行了不少"爱民"的"仁政"。但是元帝却以"不与民争利"为名，放弃了对豪强地主进行打击、限制的政策，实行所谓的"宽政"。元帝放弃打击限制豪强的传统政策，并非仅仅是由于元帝个人"柔仁好儒"的性格所致。元帝的"柔仁好儒"乃是时代的产物。元帝时代的豪强已经不同于武帝时代以前的"土豪"，而是与达官显贵融为一体的。朝廷中的公卿将相已经成为他们政治上的代表。在这强大的政治势力面前，元帝也只好采取"柔仁"的宽政。"宽政"之下，土地兼并愈发不可遏制，吏治腐败等社会积弊也随之恶性发展。

元帝认为宦官少骨肉之亲，无婚姻之家，最可信可靠，因而尤其信重宦官中书弘恭、仆射石显。当时辅政大臣前将军萧望之在政治、军事方面颇有见地。他认为，中书参与国家大政，应选用贤明，不宜任用刑余的宦官，所以奏请元帝使用士人。弘、石二阉为了保住自己的权位，盗弄权柄，遂与外戚史高内外勾结，排挤、陷害萧望之等重臣。元帝迂腐昏昧，屡中弘恭、石显圈套，迫使萧望之自杀，与萧望之共同辅政的周堪、刘更生等加罪免为庶人。不久，弘恭病死，石显专权。

元帝不仅昏昧，而且荒淫。宫中佳丽多得"不得常见"，只好"使画工图形，案图召幸之"。元帝虽然治国昏庸，却多才多艺，善书法，精通乐理、乐器，"鼓琴瑟，吹洞箫，自度曲，被歌声"。他终日淫乐，不亲政事，委政于石显等宦官。当时，汉廷事无大小，都要禀报石显，由他裁决。石显"贵幸倾朝"，自公卿以下，无不畏惧。

宦官专权，政治日趋黑暗，致使吏治腐败。纲纪失序。从中央到地方的大小官员，贪财慕势，纷纷经商，掠夺百姓，敛财聚富。他们互相间钩心斗角，陷人于罪，以至于连元帝都不得不承认"在位多不任职"。在黑暗的政治下，社会风气大坏。不仅皇帝、皇室、贵族极度奢侈，一般的官僚地主也"贪财贱义，好声色，尚侈靡。廉耻之节薄，淫辟之意纵"。"缘奸作邪，侵削细民"。整个统治阶级都在腐朽、堕落。

元帝时期，又连续发生水灾、旱灾、地震和瘟疫等自然灾害。天灾人祸，使百姓流散道路，不胜饥寒，"嫁妻卖子，法不能禁"，或"人至相食"，阶段矛盾日益尖锐。

竟宁元年（公元前33年）五月，元帝病死于未央宫，终年43岁。元帝在位17年。

难怪宣帝死不瞑目，"乱我家者，太子也。"儒生不晓法度，自然误国。柔仁也是有限度的，只执其一端，这是汉元帝给后世的教训。

第六章
平衡：以牵制的方法统御全局

　　一个即使十分团结的集体，也总会有不和谐的声音出现。所谓管人，也就是运用各种管理手段，尽量保持这个集体的和谐，并使之以积极的精神向正确的方向迈进。所以这里绝不能把管人简单化，它是一个复杂的系统工程。管人者固然要善于发现矛盾，同时应站在统筹的高度，以平衡、牵制的技巧利用矛盾，达到控揽全局的目的。

平衡互补，合理搭配

　　手下人，尤其能人多了，就容易产生矛盾。既然是矛盾就可能影响工作和事业，对此管人者既要有正确的态度，又要有合理的处理办法。硬去化解可能于事无补，最多表面上有所收敛；不闻不问甚至忽略矛盾的存在则可能导致重大失误。

　　建安二十年（215）三月，曹操率大军西征汉中，攻伐张鲁政权。当时东南孙权势力正盛，魏军西移，中部稍弱，极有可能遭到孙权背后袭击。魏与东吴交界最直接的关津重镇是合肥，留下谁镇守合肥至关重要。合肥孤悬无援，专任勇将则必然好战生事，导致危患；若专任怯战避阵之人，则必然导致众心畏惧，涣散失守。敌众我寡，对方必然轻敌贪堕，若命猛将给予致命攻击，势必取胜；胜则必要有稳重善守者坚守，才是上策。曹操想起了张辽、乐进、李典三人组成的"黄金搭配"。

　　张辽、李典在当时是魏军中著名的勇将，骁勇无敌，身经百战，而乐进则身材短小，富于胆略，曾跟随曹操攻打吕布、袁绍，曹操深知他刁钻多谋，稳重可信。早在建安十一年（206），曹操就上表给汉献帝，称扬乐进与张辽、于禁，说他们"武力弘盛，计略周备，忠诚守节，每次交战，都亲自督率，奋突强敌，无坚不摧，手秉战鼓，身先士卒。派他们率将别征，都抚众结人，举令无犯，临敌制决，少有差失。论功纪用，应当各显功名"。于是于禁被封为虎威将军，乐进被封为折冲将军，张辽被封为荡寇将军。

　　现在曹操临西征前命张辽、乐进、李典共统领七千余人屯驻合肥，但是张、乐、李三人平素就关系不好，于是曹操给护军薛悌留下函札一封，在函旁署签说："敌人来攻城时才可开启。"不久孙权率十万大兵包围了合肥，于是魏军守将们共同打开曹操的书函，上面写着："如孙权来攻，张、李二位将军出战，乐将军守城，护军（薛悌）不要参与作战。"

诸位将军都很疑惑，张辽说："主公远征在外，等待他的援兵到来，孙权一定早攻破了我们。所以他指教我们趁敌人未立足时出击，冲击敌人的强盛气势，以稳定兵众之心，然后才可以守城。成败之机，在此一举，诸位还疑惑什么？"张辽担心与他不和睦的李典不肯出战，李典慨然说："这是国家大事，只不过看你怎么对待了，我难道会因为私人之憾而忘了天下大义吗？"于是率众与张辽一起出战。

于是张辽趁天黑招募了八百多位敢死之士，杀牛招待将士，准备第二天大战。天刚亮，张辽披甲执戟，先冲入敌阵，杀死数十个敌兵，斩杀对方两员将领，大呼自己的姓名，冲破敌方重围，直奔孙权的旗帜之下。孙权大惊，周围的人不知所措，退避到高坡之上用长矛自卫。张辽叱喊孙权下来交战，孙权不敢动一步，望见张辽所带的人马很少，又把张辽围了几圈。张辽左冲右突，向前直冲，很快冲破包围圈，张辽旗下的几十个人才得以突围，其余仍被包围的人喊："将军扔下我们不管了吗？"张辽又冲入重围，把他们解救出来。孙权的人马都望风而倒，无人敢抵挡。从早晨战到中午，吴军气势被抑制，回寨加强了守备，大家才心安，诸路将领都对张辽折服。

孙权包围合肥十余日，攻不下城池，于是引兵而退。张辽率兵追击，几乎又擒获孙权。曹操得报后，极为佩服张辽等人的壮勇，拜张辽为征东将军。曹操、曹丕父子对合肥之战都评价极高，曹丕在黄初六年（225）追念张、李等人功绩时说："合肥之役，张辽、李典以步兵八百人破敌十万，自古用兵从未有过。使敌人至今夺气丧志，可称得上国家的栋梁啊。"

历来兵家都钦服曹操用人有术，选将时掺杂异同，平衡互补，并留下密计以节制遥控战场，事情发展与其预计，如同符契般相合，可谓神妙。

让下属的职责互相牵制

权力没有监督和制衡就会泛滥，所以不同部门、不同位置之间的监督和制衡可以让下属自相约束。毕竟，以管人者的一双眼睛、一个人的精力不可能包办一切。而且监督、制衡机制的完善，也是人类自我管理制度的一大进步。

在中国古代，帝王对于权臣，除用分、隔手段削弱其权势外，还扶植新的权力中心，以削减、抵消原有权力的中心。这是"以臣驭臣"的办法。

封建时代，宰相是帝王的副手，"相"字本身含义即有帮助、辅佐之意。君相合力，共治天下，宰相处于"一人之下，万人之上"的高位，为帝王处理大量政务，君、相之间难免龃龉。善相处者，从大局出发，相互让步；不善处者，君、相驭事，不免酿成冲突。贤明宰相要约制残暴、昏庸之君；英武君主，容不得能力太强的相臣，加之历代相臣篡位者时有发生，帝王总是设法削弱宰相权力，王权与相权之间斗争几乎贯穿全部封建政治史。用牵制手段，以抑损相权，是帝王与宰相斗争的主要武器。

秦汉时期，丞相权力很大，用一语概括：丞相辅佐天子，助理万机，上至天时，下至人事，几无所不包，无所不管；丞相不但为国家最高官吏，还是辅佐皇帝补其缺失唯一人臣。秦汉时期，君主高高在上。君主若有差失，只有丞相能够谏阻，良相应当以此为己任。丞相对皇帝诏令如有不同意见，可以面折廷争，甚至拒绝执行。对此，皇帝很不放心。因此自西汉武帝以后，首先用尚书一职以分丞相拆读奏章的权力，继而提高太尉、御史大夫的地位，使之与丞相平级，并将此三职先后更名为大司徒（丞相）、大司马（太尉）与大司空号称"三公"，从而改变丞相无所不统的局面，将一相变成三相。至东汉，原先由丞相执掌的政务，全归属尚书台，三公徒拥虚名。

三国宰相，有公官及省官。公官又有上公、三公、从公三类；太傅、太保、大将军，西汉已为上公，三国设置，难有更革，惟大体不改。至于相国或丞相及大司马为上公，则自三国首创，这点与汉所不同。三国宰相除公官外，还有省官。南北朝的开头阶段，宰执虽有省官，为数甚少，见于史者，尚有尚书令一种，且只有蜀国有之。曹魏设有尚书台，但其权为中书监所攫夺，中书监是皇帝亲近机构，负责草拟诏书，平议尚书奏事，参与政事，权力较大，拟于宰辅，由此宰相之权落于尚书台，尚书台权力又落于中书监之手。以此宰相权柄一再受制而逐渐减替。晋、南北朝以三省长贰为宰相者，除尚书令，仍有中书监、中书令、侍中及尚书仆射等，共同参与平议尚书奏事，此类官员负责管理皇帝门庭之下诸事，故又设立门下省。至隋代，另立殿内省，包揽管理皇帝内务职掌，门下省成为一个参与政事的封驳机关，尚书台权力又一次受到制约。

唐代，承上启下，在前朝官制基础上，正式设立"三省制"。即由中书省掌制令决策，起草诏令；门下省掌封驳审议，对中书省所制定诏令如有不同意见，有权批改复奏，然后下达尚书省；尚书省负责执行，其下分设六部（吏、礼、户、兵、刑、工）分管各部政务。三省长官都可参与国计，均为事实上的宰相。同时，皇帝还可以让级别较低的官员，带上"同中书门下三品"、"同中书门下平章事"、"参知政事"头衔，参与三省长官联合办公，这些官员亦可视为宰相。这样，秦汉时一个丞相所承担的政务，已由三个机关与十数名官员分别担任，以期达到相互制约的目的。

到了明代，太祖朱元璋采取一切措施，既加强了中央集权，又使臣属不敢越轨。朱元璋，这位权力欲极强的雄才之主，由于两大事刺激和加速了他对地方权力集中于中央的步伐。

第一件大事就是朱元璋作为地方割据政权出身和对地方势力潜在危险的深察。洪武初年，地方政权基本沿袭元朝的制度，即设行中书省，统管一省的军政、民政、财政等大权，地位重要，权力很大。一行中书省实际上就是一个独立王国。朱元璋本人做小明王的行中书省丞相。作为行中书省的丞相，他拥有一方政权，压根儿就没把小明王放在眼里，他故而对行中书省设置的弊端有透彻的体察。

第二件大事就是随着明朝统治的渐趋稳定，君权与相权、皇权与臣权，中央集权与地方权发生了一系列纠葛与矛盾。特别是洪武六年胡惟庸进升中书省丞相后，相权与皇权矛盾激化。洪武九年（1376）朱元璋改行中书省为布政使司，地方的控制指挥权郎集中到中书省。胡惟庸控制中书省，专权用事，淮籍的军事宿将大多集其门下，形成一个淮人官僚集团，使朱元璋感到芒刺在身、大权旁落。于是，洪武十三年（1380）年，朱元璋以胡惟庸谋反为名，毫不留情地将其抄家灭族。

接着，朱元璋采取了一系列削弱地方政权、巩固皇权的措施：宣布政使司后，即设左右布政使各一人，掌管民政财政。同时，设提刑按察司，设按察使一人，统管刑法；设都指挥使司，掌管军事，与布、按并称三司。这三司互不相属，各自直隶中央。有重大政事，需都、布、按三司共同会议，上报中央。布政司下的地方政权是府（直隶州）、县。同时，在省与府之间划分若干道，作为省的派出机构。道不是一级地方特权，而是监察区。这种行政划分削弱了地方权力，加强了中央集权。

其次，废中书省和丞相制。朱元璋加强中央集权并不是要加强中央政府部门的集体权力，而是要加强皇帝个人的权力。于是，洪武十三年正月，朱元璋在制造胡惟庸案的同时，罢中书省，废丞相。朱元璋于此对他的文武百官有一番精妙的讲演："我从登基立业以来，已十三年了，期间委任大臣，希望他们辅佐我，使天下大统。所以设立中书省以总天下之文治……不料权臣窃持国柄，枉法诬贤，有不轨之心，大肆搞欺蔽活动，到处拉帮结伙，搞不法之事，毒害政治，谋危社稷。仿佛堤防之将决，烈火之将燃，有滔天燎原之势。……我想除去中书省，将六部职责晋升。这样权力就不会被其机构垄断，事情也不会被截留塞蔽，尔等以为如何？"文武百官只能对曰："既出圣裁，实为典要。"朱元璋不管如何不如何，立即三下五除二地将中书省和丞相废却，提高中书省下属吏、户、礼、兵、刑、工六部的地位，使六部分理朝政，各部尚书直接对皇帝负责，奉行皇帝旨意。六部分任而无总揽之权，政务由皇帝亲自裁决。朱元璋实际上使皇权、相权集于一身，国务、政务掌于一手，中央、地方事务聚于一体。

第三，制订法律，加强对中央与地方官吏的任用、监察，使其置于皇权的严密监控之下。朱元璋"劳心焦思，虑患防微近 20 载"，经过他反复修改"凡革誊稿"，制定出（大明律）。（明律）有 30 卷、4 印条，其中对于地方机构的权限作了严格规定。它用法律条文的形式将皇帝任用各级官员的权力固定下来，除了明律，朱元璋还制定了一系列其他的旨在加强中央集权的法律。如为了加强对府州县官的管理，洪武十七年，朱元璋制定《府州县条例》八事，强调各级地方官都要加强行政管理，逐级监督。同时还刊布了县官（到任须知）31 条，明确县官的职责。这都有利于压抑不利于中央集权的地方势力的萌生。

朱元璋通过一系列政治变革，把一切军政大权控制于手，但他还是不放心，总感到别人觊觎朱家皇位。于是，为了朱家王朝能代代相传，他分封诸子为王，历史上称为封藩制。朱元璋有一套冠冕堂皇的说辞："天下之大，必建藩屏，上卫国家，下安生民。今诸子既长，宜各有爵封，分镇诸国，朕非私其亲，乃尊古先哲王之制，为久治长安之计"（《明太祖实录》卷 51）。在由王伟撰写的《拟封诸王诏》中说："考诸古昔，帝王既有天子，五居嫡长者必正位储贰。……于戏？众建蕃辅，所以广磐石之安。大封土疆，所以謇亲支之厚。古今能谊，朕何敢私。"

明代仁宗以后，内阁大臣权力渐重，品级亦有提高，皇帝用内廷司礼监代替自己处理政务，使之凌驾于内阁之上，以制约阁臣。清代对军机处权力，亦有种种限制。军机处官印收藏于"大内"，凡有须用印信时，必须奏事太监处"请印"，用毕即行归还；皇帝处理政事，除通过军机处外，还由皇帝与亲信密折往还，如有必要，皇帝可避开军机处，直接召见大臣"面为商酌，各交该衙门办理，不待军机大臣指示。"

掌握领导学中的平衡术

平衡不仅要体现在制度上，再完美的制度也无法规范人们的所有行为。这就需要领导者洞明世事，人情练达，在此基础上以平衡的技巧团结各种力量。

公元 316 年，晋愍帝在长安向匈奴刘聪投降，西晋亡。公元 317 年，安东将军司马睿在建康建立东晋，力主其事的便是一代名相王导。

在当时的情况下，复兴晋室只是内聚北方士人的公关手段，在王导的内心，若能安定东晋已是极为不易的了。所以，主战派多次提出"北战收复失地"的主张，均未得到王导的支持。对于北伐名将祖逖等人，东晋王朝的态度也是消极的，因为从稳定的角度考虑，以北伐为国策并不符合南方望族的意愿，而且，一旦大事北伐，新形成的北方势力也可能危及东晋王朝。既团结北方士族又协调朝廷的关系，就此而论，王导的策略是成功的。

有一次，叛军攻打建康，将军温峤擅自将皇帝巡幸必往的朱雀桥烧掉了。皇上知道后暴跳如雷，但是温峤并不在意，连道歉的意思也没有。王导知道此事可能会造成的后果（或者它本来就是一种信号），于是匆忙赶来为温峤说情："皇威之下，温峤不敢说话，请皇上面察。"这既保住了皇上的面子，也给温峤一个台阶下，温峤也就势道歉，化解了一场可能产生的内乱。

平时，对于各地的叛乱，王导尽可能大而化小。如此做法自然令人不满，但是王导也有其苦衷。对于一个虚弱的王朝来说，不顾一切，硬拼可能远不如忍耐一时，等待变化更为明智。当然，王导对军队力量也并不是毫无节制的。譬如，他极力强化贵族的威势。有时候，叛军甚至已经占领了都城，并想当皇帝，至少来个挟天子以令诸侯。但是，一掂量，感到军队的威势还远远不够，结果，还是得将王导抬出来，这不能不说是个奇迹。

对于东晋朝廷，王导的策略是极力推崇它的皇威，以此号召天下。同时限制皇族势力的发展，使政局不致失衡。在公开的场合，王导是诚惶诚恐，礼数周到；当他独自面对君王时，又敢于犯颜直谏，甚至直言无忌。一次，晋明帝问温峤，自己的司马氏祖先是如何统治天下的，温峤一时语塞，不知如何回答，王导道："温将军时值壮年，不熟这段历史，就由微臣代他回答吧！"于是，王导从司马懿如何清除异己开始，一直到司马昭是如何杀害魏王曹髦，诸般险事一一道来，毫无隐瞒。明帝听了不禁为之叹服，说："如此看来，朝廷的命运也是在天之数了。"

当然，王导之所以能这样做，除了高超的平衡策略，还在于王氏家族有着巨大的力量，当时谚语曰："王与马，共天下。"但是王导也知道，对王姓家族的势力若不加以限制，也会破坏脆弱的平衡关系。

东晋的建立，王导与其堂兄王敦出力最大。后王导任宰相，而王敦任大将军，领重兵在外。如此局面，又使得皇帝有傀儡之感，便有意削弱二王之权。王导不动声色，颇令士大夫同情，王敦则木然，他本来就有野心，干脆借口除奸而率兵杀向建康。

以当时的客观力量而言，朝廷远不及王敦，而且宫中也有议论，认为王敦造反有理。但是王导心里丝毫不愿与王敦合谋，他认为唯有司马氏才是安定的象征，王氏家族在安定的情况下，不必因此而失衡，否则王氏家族同样遭到迫害，何况以王敦的个性，一旦大权在握必定酿成大祸。

于是，就出现了这样有趣的一幕：一面是王敦的造反；一面，王导却率领以四个族弟为首的20余位族人，每日清晨去中书省自请裁定。当时，朝廷虽然也有人上书要灭王门九族，王导也清楚，晋元帝不敢那么做。但是他仍通过各种渠道疏通关系，终于重新获得了元帝的信任，元帝赐其"大义灭亲，一代忠臣"的诏书，将国家大事重新委托给了王导。趁着王敦的叛乱，王导在朝廷中的地位反而变得更加稳固。两年以后，王导发兵灭了王敦，消除了危及平衡的大障碍。本来，王敦叛乱，王氏家族理应受罚，但是皇帝却做了非常处理："王导大义灭亲，应恕其罪至百代之后。"王氏家族从而得以延续。

公元 339 年，64 岁的王导去世。他先后担任三代宰相，自身没有任何积蓄，然而却以其独特的平衡策略，团结了各种社会力量，在风雨飘摇之中维持了东晋王朝的存在和社会的安定。而这，又不能不说是战乱之世的一大奇迹。

让违规的下属自相治理

管人者不见得什么事都亲自插手，尤其古代的帝王，常有被不轨的臣子架空的时候。此时盲动易招败亡，不动则只能受制于人。此时以平衡术让违规的下属自相治理，可产生四两拨千斤的效果。

唐代安史之乱爆发，唐玄宗在西逃过程中，太子李亨在群臣拥护下，于灵武即皇帝位，这就是唐肃宗。在艰难之际，肃宗之子李俶、李倓立有大功，其正妻张皇后及宦官李辅国因拥立有功而相表里，专权用事，谋杀李倓，拥立李俶为太子。

在争权过程中，张皇后与李辅国发生冲突。公元 762 年，肃宗病重时，张皇后召太子李俶入宫，对他说："李辅国久典禁兵，制敕皆以之出，擅逼圣皇（唐玄宗），其罪甚大，所忌者吾与太子。今主上弥留，辅国阴与程元振谋作乱，不可不诛。"太子不同意，张皇后只好找太子之弟李系谋诛李辅国。此事被另一个重要宦官程元振得知，密告李辅国，而共同勒兵收捕李系，囚禁张皇后，惊死肃宗，而拥立太子即皇帝位，是为唐代宗。

李辅国拥立代宗，志骄意满，对代宗说："大家（唐人称天子）但居禁中，外事听老奴处分。"听到这种骄人的口气，代宗心中不平，因其手握兵权，也不敢发作，只好尊他为"尚父"，事无大小皆先咨之，群臣出入皆先诣。李辅国自恃功高权大，也泰然处之，孰知代宗除他之心已萌。

在拥立代宗时，程元振与李辅国合谋，事成之后，程元振所得不如李辅国多，未免有些怨望，这些被代宗看在眼里，也记在心上。于是他决定利用程元振，乘间罢免李辅国的判元帅行军司马之职，以程元振代之。李辅国失去军权，开始有些害怕，便以功高相邀，上表逊位。不想代宗就势罢免他所兼的中书令一职，赏他博陆王一爵，连政务也给他夺去。此时，李辅国才知大势已去，悲愤哽咽地对代宗说："老奴事郎君不了，请归地下事先帝！"代宗好言慰勉他回宅第，不久，指使刺客将他杀死。

代宗用间其首领的方法，很快地除掉李辅国，但又使程元振执掌禁军。程元振官至骠骑大将军、右监门卫大将军、内侍监、邠国公，其威权不比李辅国差，专横反而超过李辅国。程元振不但刻意陷害有功的大臣将领，而且隐瞒吐蕃入侵的军情，致使代宗狼狈出逃至陕南商州。一时间，程元振成为"中外咸切齿而莫敢发言"的罪魁。因禁军在程元振手中，代宗一时也不敢对他下手。就在此时，另一个领兵宦官、观军容处置使鱼朝恩领兵到来，代宗有了所恃，便借太常博士柳伉弹劾程元振之时，将程元振削夺官爵，放归田里，算是除掉程元振的势力。

程元振除去，鱼朝恩又权宠无比，擅权专横亦不在程元振之下。如果朝廷有大事裁决，鱼朝恩没有与闻，他便发怒道："天下事有不由我乎！"已使代宗感到难堪。鱼朝恩不觉，依然是每奏事，不管代宗愿意不愿意，总是胁迫代宗应允。有一次，鱼朝恩的年幼养子鱼令徽，因官小与人相争不胜，鱼朝恩便对代宗说："子官卑，为侪辈所陵，乞赐紫衣（公卿服）。"还没得到代宗应允，鱼令徽已穿紫衣来拜谢。代宗此时苦笑道："儿服紫，大宜称。"其心更难平静，除掉鱼朝恩之心生矣。借一宦官除一宦官，一个宦官比一个宦官更专横，这不得不使代宗另觅其势力。代宗深知，鱼朝恩的专横，已经招致天下怨怒，苦无良策对付。正在此时，身为宰相的元载，"乘间奏朝恩专恣不轨，请除之"。代宗便委托元载办理剪除鱼朝恩的事，又深感此计甚为危险，便叮嘱道："善图之，勿反受祸！"

元载不是等闲之辈。他见鱼朝恩每次上朝都使射生将周皓率百人自卫，又派党羽皇甫温为陕州节度使握兵于外以为援，便用重贿与他们结纳，使他们成为自己的间谍，"故朝恩阴谋密语，上一一闻之，而朝恩不之觉也"。有了内奸，就要扫清鱼朝恩的心腹。元载把鱼朝恩的死党李抱玉调任为山南西道节度使，并割给该道五县之地；调皇甫温为凤翔节度使，邻近京师，以为外援；又割兴平、武功等四县给鱼朝恩所统的神策军，让他们移驻各地，不但分散神策军的兵力，还将其放在皇甫温的势力控制下。鱼朝恩不知是计，反而误认为是自己的心腹居驻要地，又扩充了地盘，也就未防备元载，依旧专横擅权，为所欲为，无所顾忌。

李抱玉调往山南西道，他原来所属的凤翔军士不满，竟大肆掠夺凤翔坊市，数日才平息这场兵乱。军队不听话，根源在于调动，鱼朝恩的死党看出不妙，便向鱼朝恩进言请示，鱼朝恩这才感觉有些不好，意欲防备。可是，当他每次去见代宗时，代宗依然恩礼益隆，与前无异，便逐渐消除了戒备之心。

一切准备就绪，在公元770年的寒食节，代宗在宫禁举行酒宴，元载守候在中书省，准备行动。宴会完毕，代宗留鱼朝恩议事，开始责备鱼朝恩有异心，图谋不轨，谩上悖礼，有失君臣之体。鱼朝恩自恃有周皓所率百人护卫，强言自辩，"语颇悖慢"，却不想被周皓等人擒而杀之。禁宫中的事，外面不知。代宗乃下诏，罢免鱼朝恩观军容等使，内侍监如故；又说鱼朝恩受诏自缢，以尸还其家，赐钱六百万以葬。尔后，又加鱼朝恩死党的官职，安顿禁军之心，成功地翦除了鱼朝恩的势力。

下辑

用人法

带领团队跃进成长的底层逻辑

第七章

施恩：让人心甘情愿服从管理

　　真正的好领导，不在于有没有人替你卖命，而在于有没有人心甘情愿地替你卖命。管人者要给部下好处，部下才能对自己感恩戴德，忠诚于自己，倾心为自己效力。"收买人心"这样的词虽不好听，但绝对实用。舍得舍得，有舍才有得。

以感情让人感动

　　人都是有感情的。利用感情作杠杆，是拉拢部属最有力的手段。人都是这样：也许他会拒绝你的钱，不接受你的礼，但他却不能抗拒你对他好。如果能让他觉得你是真心对他好，你收获的必然是部下的忠心相报。

　　李世责力是唐朝的开国功臣，是第一个被赐为"国姓"的人（他原姓徐），又是李世民晚年嘱以托孤重任的人。对这样的重臣，李世民自然十分重视感情上的拉拢。

　　有一次，李世责力得了急病。医生开的处方上有"胡须灰可以救治"的话，李世民看了，便毫不犹豫地剪下自己的胡须送给李世责力。

　　古人讲，身体发肤，受之父母，不可损伤。因此，他们不剃发，不剪须。至于皇帝，连身上的一根汗毛也是珍贵无比的。李世民的举动实在是异乎寻常，前无古人。李世责力感动得热泪长流，叩头以至流血，表达他的感激不尽的激动心情。李世民却说："这都是为了国家，不是为了你个人，这有什么可谢的！"

　　房玄龄是唐太宗李世民最为倚重的一位大臣，长期担任宰相之职。对唐朝开国初年的制度的建立、社会经济的发展，作出过重大贡献，是我国封建社会最为杰出的宰相之一。后来他了犯些小的过失，唐太宗谴责了他，并令他回家闭门思过。中书令褚遂良对皇帝说："当年陛下起兵反隋时，房玄龄便率先投奔在义旗之下；后来又冒杀头之罪，为陛下决策，使陛下得以登上帝位；几十年来，他对国家的大政方针的制定，都有过重大建树；朝廷大臣之中，数房玄龄最为勤劳于国事。如果他没有不可赦免的大罪，就不应该遗弃他，陛下若认为他年老，可以劝他退休，不应该因一些小的过失而忘记他数十年的功勋。"

　　唐太宗一听此言，立即将房玄龄召还。一次，他到芙蓉园游玩，途经房玄龄家时，还特意前去拜访。房玄龄也估计到皇帝会来，早就命令弟子将门庭洒扫一新，自己在家恭候。君臣相见，尽释前嫌，唐太宗便载了房玄龄同车还宫，二人和好如初。

当房玄龄病重时，唐太宗为了及时了解病情，探视方便，竟命令将皇宫围墙凿开，以便直达房玄龄家。他每天派遣使臣前去问候，并派名医去治疗，让御膳房送去饮食，听到病情有所减轻，便喜形于色，一听见说加重，又满脸愁云。房玄龄弥留之际，太宗亲自来到病榻前，与之握手话别，悲不能禁。

一直善于收买人心的唐太宗，对李世责力、房玄龄这样的重臣，自然十分重视感情上的拉拢，剪下自己的胡须为臣下治病，凿墙慰问病臣，真可谓攻心有术，厚出了水平。

给有能力的部下厚爵重禄

有才能的人往往自傲，表现之一是看不上小恩小惠。对于这样的人就必须舍得"花大钱"——重要的地位和优厚的物质待遇一起上。要求和基本的欲望满足了，他就会毫无后顾之忧地为你效力。

管仲是春秋时期著名的政治家、军事家和经济思想家。他刚担任齐国宰相时，政治上没有一点成绩，齐桓公就询问原因。管仲回答说："我地位虽高，但我依然贫穷。穷人无法指挥有钱人。"

桓公说："给你可以迎娶三个妻子的家用吧！"

过了一段时间，国政还是没有治理好，齐桓公又向管仲询问原因。

管仲回答说："我虽然有了钱，但我的身份却很卑微，使我无法管制高贵的人。"

齐桓公立即任命他为上卿，步入贵族的行列。

其后，齐桓公又尊管仲为"仲父"。

从此，由于齐桓公满足了管仲的要求，给予管仲无比优厚的物质待遇和高贵的地位，使管仲有职有权，齐国政治很快上了正轨。后来齐桓公成为春秋五霸之一，就是得力于管仲的辅佐。

要用人，就得解除人才的后顾之忧，主动替人才排忧解难，为人才创造一个舒心的工作环境。

读过《史记·孟尝君列传》的人，都熟悉"冯谖弹铗"的故事。冯谖是孟尝君门下的食客，他自负很有才能，感到孟尝君给他的待遇过低，便三次弹剑而歌，发泄愤懑与不平，并不断提出生活上的要求，第一次要鱼，第二次要车，第三次要人照料家中生活。这些要求被一一满足后，他为孟尝君的仕途荣辱尽心竭力，为其买来了"恩义"准备了"三窟"，使孟尝君任齐相几十年，没有遭受大的挫折。

在有些人看来，冯谖、管仲仗着自己有才能而一而再、再而三地闹名誉、闹地位、闹待遇，思想境界似乎不够高尚。但孟尝君、齐桓公却并不以为然。翻遍古籍，也未见政治家、思想家对他们要待遇有何微词，恰恰相反，他们都认为给予人才以丰厚的待遇是理所当然。综合他们的观点，主要理由有四：

其一，人才水平高，贡献大，生活待遇应与之相称，无可非议。我国最早的政事史料汇编《尚书》中就有"凡厥正人，既富方谷"的记载，可见早在周文王时期，官员的俸禄就很优厚。《管子·明法解》主张依官职高低定爵禄厚薄："其所任官者大，则爵尊而禄厚，其所任官者小，则爵卑而禄薄。"在朝政清明用人路线正确的状况下，任高官者多属才能大的人，贡献也就大。所以"劳大者其禄厚，功多者其爵尊"乃合情合理。《韩非子·八奸》也认为理应如此："贤才者，处厚禄，任大官；功大者，有尊爵，受重赏。"宋代苏洵《嘉祐集·论衡》也主张，对于有才能的官员，理当"尊其爵，厚其禄。"《资治通鉴·周纪二》中有一段话实际上阐明了高待遇是对人才价值的承认和对所作贡献的回报：

"夫贤者，其德足以敦化正俗，其才足以顿纲振纪，其明足以烛微虑远，其强足以结仁固义；大则利天下，小则利一国。是以君子丰禄以富之，隆爵以尊之；养一人而及万人者，养贤之道也。"

他们对国家有如此广泛而巨大的贡献，厚待他一个人，对社会千万人有益，这难道不是既合理又合算吗？

唐代大思想家韩愈在著名的《马说》一文中，不仅批评了不善识马，不会用马的人，而且为千里马"食之不能尽其材"而鸣不平：

"马之千里者，一食或尽粟一石。食马者，不知其能千里而食也。是马也，虽有千里之能，食不饱，力不足，才美不外见，且欲与常马等不可得，安求其能千里也？"

千里马日行千里，本事大，消耗也大，吃得当然也多。不让它吃饱，却又让它来快跑，这样做既不可能，也不公平。以此来比喻人才的待遇真是既通俗又雄辩。

其二，丰厚的物质待遇是吸引人才的重要条件。有才能的人对执政者的要求，除了希望提供充分施展才干的广阔天地外，再就是希望能得到与才干相称的待遇，此无可厚非。满足他们在爵禄上的要求，人才就会源源而来。墨子即持对人才"高予之爵，重予之禄"的观点，认为只有对他们"富之，贵之，敬之，誉之，然后国之良士，亦将可得而众也。""事则不与，禄则不分，请问天下之贤人，将何自至乎王公大人之侧哉？"春秋时期名臣宁戚对齐桓公也进言："尊其位，重其禄，显其名，则天下之士骚然举足而至矣。"世祖忽必烈为了招揽人才，专门建立了集贤馆，给贤士们准备了丰盛的饮食、华美的服饰、供帐和车辆，贤士们纷至沓来，忽必烈大喜过望。有一官员对此有异议，便故意将供应集贤馆的物资堆放在宫殿前面，当忽必烈走过时，他遂告知忽必烈：集贤馆每人每日要耗费这许多东西。忽必烈听后不悦，说："尔等是嫌我待他们过厚了吗？我以十倍于此的物货广揽天下有才之士，还怕不周到呢，否则，有谁会来呢？"

其三，待士薄，却欲使其尽心竭力，似不可能。刘向所撰《说苑·尊贤》中讲了两则故事，读来饶有味道：

一则是：齐国宰相宗卫供养一班食客，他退职后意欲周游诸侯各国，竟无一人愿随，他很失望。一士田饶对其诉道：怨吾等无意效力，非也！惟大人待士过苛。厨里肉宁腐，而不予食；养士口粮三升，尚不及大人所宠之黄鹂；凡您家小皆服饰华丽，却无一件予士，园中桃果任家人戏掷，士人们却不曾尝得一口。"财者，君之所轻也；死者，士之所重也，君不能用所轻之财，而欲使士致所重之死，岂不难乎哉？"连钱财衣食这些并不为执政者所看重的东西，尚且舍不得给予士人，却要让士人以最可宝贵的生命去为你效力，这办得到吗？

另一则是：诸侯发兵攻齐，齐威王惶恐不安，急集臣属和公卿大夫商议对策，说："破敌良策何有？快快道出！"博士淳于髡仰天长笑，威王连问三次，皆不答。最后他讲了一个故事："臣一邻舍祭田，欲祈得谷百车，享用终生，再传后世。然其祭品只一瓢饮、一箪食、三尾鱼。吾笑其予神太薄，而求之过苛"。齐威王听后恍然大悟，"乃立淳于髡为上卿，赐之千金，革车百辆，与平诸侯之事。诸侯闻之，立罢其兵，休其士卒，遂不敢攻齐。"

这两则故事说明，待遇是启动人才积极性的有力杠杆。古兵书《黄石公三略·上略》指出："夫用兵之要，在崇礼而重禄。礼崇则智士至，禄重则义士轻死。"《墨子·尚贤中》认为："夫高爵而无禄，民不信也，"曰："此非中实爱我也，假借而用我也，夫假借之，民将岂能亲其上哉？"唐代李筌在《太白阴经·子卒》中也指出："人所以守战至死不衰者，上之所施于人者厚也。上施厚，则下报之亦厚。"这可以说是一条规律吧。违背这条规律，却又想治国平天下，那是办不到的。韩信在向刘邦陈述夺取天下的见解时，指出项羽必败的几个根据，其中一条就是："项王见人恭敬慈爱，言语呕呕，人有疾病，涕泣分食饮，至使人有功当封爵者，印刷敝，忍不能予，此所谓妇人之仁也。"说的是项羽待人恭敬，爱兵如子，但是当有人立了功，应当封赏爵位时，却把刻好的印信攥在手里，摆弄得磨去了棱角还舍不得授人。这就叫"妇人之仁"。

其四，厚禄利于养廉。《后汉书·仲长统传》指出："彼君子居位，为士民之长，固宜重肉累帛，朱轮四马。"因为"俸禄诚厚，则割剥贸易之罪乃可绝也。"认为给予宫中优厚的俸禄，有利于杜绝敲诈勒索、贪污受贿和官员经商等不廉洁行为。王安石也主张对官员"饶之以财"，以减少贪鄙行为的产生。他实施变；法后，各级官吏的俸禄和其它待遇都有显著提高。

通过以上分析，对给人才以丰厚的物质待遇这一点恐无多少异议。但是，是否对所有的人才都采取事先许以高爵厚禄这一种办法呢？宋代思想家苏洵在《御将》一文中说："当观其才之大小，而为制御之术以称其志。""先赏之说，可施之才大者；不先赏之说，可施之才小者。"为什么呢？苏洵认为，大才犹如千里马，无论其是否跑路，都应"丰其刍粒，洁其羁络，居之新闲，浴之清泉，而后责之千里。"不然，"是养骐骥者饥之而责之千里，不可得也。"汉高祖刘邦对大将韩信、黥布、彭越就是先许以高官厚禄："昔者汉高帝一见韩信，而授以上将，解衣衣之，推食哺之；一见黥布，而以为淮南王，供具饮食如王者，一见彭越，而以为相国。当是时，三人者未有功于汉也。"尚无政绩何以封王赐爵？只为"高帝知三人者之志大，不极于富贵则不为我用；虽极于富贵而不灭项氏，不定天下，则其志不已也。"

对于小才，苏洵将他们比作猎鹰，"获一雉饲以一雀，获一兔饲以一鼠，彼知不尽力于击搏，则其势无所得食，故然后为我用。"事先饱喂鹰隼，再让其上天行不行呢？不行，因为饱鹰对猎物没有那种为噬食而搏击的强烈欲望和劲头。刘邦对于樊哙、滕公、灌婴等人用的就是这种办法。"拔一城,陷一阵,而后增数级之爵,否则终岁不迁也。"刘邦并不吝其爵禄,只为此类人"才小而志小,虽不先赏不怨;而先赏之,则彼将泰然自满,而不复以立功为事故也。"对于这类一般人才,如果事先就把待遇给足了,他也就不思进取了。苏洵关于对大才小才在生活待遇上采取不同做法的观点,不无道理。怎样应用,则须领导者结合实际,仔细斟酌。

能装糊涂的是聪明人

管人者须聪明这理所当然,否则怎么管得住手下之一帮不会比谁愚笨的人呢?但管人也需要糊涂,有时候甚至糊涂比表面上的所谓精明更能管住部下,控制局面。

战国时期的楚庄王,在爱妾被一位陪宴的将军调戏的情况下,竟然也能假装糊涂,不追究犯上者的罪,遮掩了这位风流将军的罪过,则更是厚得难能可贵。

周定王二年(公元前605年),楚庄王经过艰苦作战,平定了令尹斗越椒发动的叛乱之后,大摆酒宴,招待群臣,欢庆胜利,名曰"太平宴"。

酒宴开始，庄王兴致很高，说："我已六年没有击鼓欢乐了，今日平定奸臣作乱，破例大家欢乐一天，朝中文武官员，均来就宴共同畅饮。"于是，满朝文武，与庄王欢歌达旦。

夜深之后，庄王仍然兴致不减，令人点起蜡烛，继续欢乐，并要宠妾许姬前来祝酒助兴。忽然一阵大风吹过，将灯烛吹灭。这时，有一人见许姬长得美貌，加之饮酒过度，难于自控，便乘黑灯瞎火之际，仗着酒意暗中拉住了许姬的衣袖，大概想一亲芳泽吧。

许姬大惊，左手奋力挣脱后，右手顺势扯下了那人帽子上的系缨。许姬取缨在手，连忙告诉庄王说，刚才敬酒时，有人乘烛灭欲有不轨，现在我把他帽子的系缨抓了下来，大王快命人点蜡烛，看看是哪个胆大包天的家伙干的。

谁知庄王听后，却对许姬说："赏赐大家喝酒，让他们喝酒而失礼，这是我的过错，怎么能为要显示女人的贞节而辱没人呢？"不但不追究，反而命令左右正准备掌灯的人说："切莫点烛，寡人今日要与众卿尽情欢乐，开怀畅饮。如果不扯断系缨，说明他没有尽兴，那我就要处罚他！"

众人一听，齐声称好，等十百多人全都扯掉了系缨之后，庄王才命令点燃蜡烛，不声不响地把那个胆大妄为的人隐瞒了过去。

散席之后，许姬仍然忿忿不平地问庄王：男女之间有严格的界限，况且我是大王您的人。您让我给诸臣敬酒，是对他们的恩典，有人竟敢当着您的面调戏我，就是对大王您的侮辱，您不但不察不问，反而替那小子打掩护，这怎么能肃上下之礼，正男女之别呢？庄王笑着说，这你妇道人家就不懂了。你想想看，今天是我请百官来饮酒，大家从白天喝到晚上，大多带有几分醉意。酒醉出现狂态，不足为怪。我如果按照你说的把那个人查出来，一会损害你的名节，二会破坏酒宴欢乐气氛，三也会损我一员大将。现在我对他宽大为怀，他必知恩图报，于国于家于我于他都是有利的事情啊。许姬听了庄王的一番话，十分佩服。从此，后人就把这个宴会叫做"绝缨会"。

一个将领对自己爱妾的调戏，对于至尊无上的君主来说，无疑是极大的羞辱。这在当时的社会里，绝对属于大逆不道的犯上之举。谁要是犯了这方面的罪过，不丢掉小命那才叫怪哩！可是楚庄王却能假装糊涂，原谅属下的过错，并且还设法替他打马虎眼，的确是厚黑大家。

这段"绝缨会"的千古佳话，如果没有后来的善报结尾，恐怕还是要逊色许多。

七年之后，周定王十年（公元前597年），楚庄王兴兵伐郑，前部主帅襄老的副将唐狡，自告奋勇带百余名士卒做开路先锋。唐狡与众士卒奋力作战，以死相拼，终于杀出一条血路，使后续部队兵不血刃杀到郑都，这使得庄王非常高兴，称赞说："老将军老当益壮，进军如此迅猛，真是大长我军威风，为楚国立下大功啊！"

襄老答道："这哪里是老臣的功劳？都是老臣副将唐狡的战功啊。"

于是，庄王下令召来唐狡，准备给他重赏，谁知唐狡却答道："为臣受大王恩赏已很多，战死亦不足回报，哪里还敢受赏呢？"

庄王很奇怪，以前并没赏赐他，何以如此说呢？唐狡接着说道："我就是'绝缨会'上捉了许姬袖子的人，大王不处置小臣，小臣不敢不以死相报。"楚庄王感叹地说：如果当初明烛治他的罪，怎么会有今天效力杀敌的猛士啊！

战国"四公子"之一的齐国孟尝君田文做了类似的事情，他门下养了许多食客，其中有一个门客与孟尝君的爱妃私通，早已为外人发觉。有人劝孟尝君杀了那个门客，孟尝君听后笑着说："爱美之心人皆有之，异性相见，互相悦其貌，这是人之常情呀！此事以后不要再提了。"

过了近一年，一天，孟尝君特意将那个与自己妃子私通的门客召来，对他说："你与我相交已非一日，但没有能封到大官，而给你小官你又不要。我与卫国国君的关系甚笃，现在，我给你足够的车、马、布帛、珍玩，希望你从此以后，能跟随卫国国君认真办事。"

那个门客本来就做贼心虚，听孟尝君召唤他，以为这下大祸临头了，现在想不到孟尝君给他这样一份美差，激动得什么话也说不出，只是深深地、怀着无限敬意地为孟尝君行了个大礼。

那个门客到了卫国后，卫国国君见是老朋友孟尝君举荐过来的人物，也就对他十分器重。

没过多久，齐国和卫国关系开始恶化，卫国国君想联合天下诸侯军队共同攻打齐国。那个门客听到这一消息后，忙对卫国国君说："孟尝君宽仁大德，不计臣过。我也曾听说过齐卫两国先君曾经刑马杀羊，歃血为盟，相约齐卫后世永无攻伐。现在，国君你要联合天下之兵以攻齐，是有悖先生之约而欺孟尝君啊！希望国王您能放弃攻打齐国的主张。如果国王不听我的劝告，认为我是一个不仁不义之人，那我立时撞死在国君你的面前。"一句话刚说完，那个门客就准备自戕，被卫国国君立即上前制止了，并答应不再联合诸侯军队打齐国了。就这样，齐国避免了一场灾难。

消息传到齐国后，人人都夸孟尝君可谓善为人事。当初不杀门客，如今门客为国家建下了奇功。

五代时，梁朝的葛周曾与他所宠爱的美姬一道饮酒作乐，有个在葛周身边担任侍卫的小兵一直目不转睛地盯着那个美姬，乃至于葛周问他话时，他都忘记了回答，可见他入神到了何等程度。这个小侍卫也觉得自己在主人面前失态了，十分惶恐，害怕葛周惩罚他。葛周见了，并没有说什么，只是很慈善地向他笑了笑，并还让自己宠爱的美姬亲斟一杯酒赐给了那个小侍卫兵，意思是让他压压惊。

后来，葛周与后唐的军队交战，战事屡屡失利。葛周就大声呼喊那个小侍兵，命他前去迎敌。小兵见这正是报效主子的机会，就奋不顾身，冲锋陷阵，击退了敌人的一次次进攻，并还生擒了一名敌人的小头目。战斗结束后，葛周就将那个自己宠爱的美姬赐给了那个小兵作妻子。

北宋初年，苏慕恩的部落是整个胡人中最强大的一支。当时，镇守边关的是种世衡将军。

一天晚上，种世衡与苏慕恩在种世衡的营帐中共同饮酒，并唤出一个很美丽的侍妾为他俩斟酒。席间，种世衡起身进屋有点事，苏慕恩就趁机偷偷地调戏那个侍妾。正在他得意忘形之际，种世衡突然从里面出来，出其不意地捉住了苏慕恩的不轨行为。苏慕恩十分窘迫、惭愧，忙向种世衡请罪。那位侍妾也给吓得哭了起来。种世衡见状，对苏慕恩说：

"你喜欢她吗？如果你想要她，我成全你们。"当即同意将那侍女送给了苏慕恩。苏慕恩对种世衡的宽宏大量感谢不尽，连连行了三个大礼。

从那以后。凡是其他部落中有怀二心的逆臣，种世衡就派苏慕恩前去讨伐，每次都大胜而归。胡人部落再也不敢随便寻衅滋事了。

放人一马，以求后报

> 按规矩一定会挨罚的事儿结果却是平安无事，犯事者会怎么想？自是感激涕零，誓相厚报。

王世充是隋朝的地方官吏。他在此动荡时代，没有马上跳出来树起义旗，而是暗暗地做一些基础工作，为以后成大事作图谋。

江淮间的人素来彪悍轻狂，动不动就滋生事端，打架斗殴乃至杀人是常有的事。再加上社会秩序不稳定，土匪小偷多如牛毛，一时间，官府里捉拿的犯人监狱都快关不下了，三天两头地闹事。王世充心想，这些人都是要钱不要命的好汉，太平时节固然留不得，如今兵荒马乱之时正好派上用场，将来举事日寸不都是以一敌十的好士兵吗？主意打定，他就利用手中的职权，对这些好汉们逐一"审问"，然后大事化小，小事化了，将他们一一放出监狱。这批歹徒本以为自己犯的事决讨不了好去，不杀头就算不错，没承想碰上这么一位"爱民如子"的好官，居然轻易就得回了自由，于是个个感激涕零，当场指天誓地说，以后王大人如有召唤，他们乐意脑袋掖在裤带上跟着他去干一场。王世充见计策已经实现，心里暗暗高兴。

后来起义军声愈来愈壮大。隋朝官员们再也坐不住了，不想把自己绑在这艘将沉的船上等死。纷纷造反。大将杨玄感就是其中一位。由于杨玄感威望高，他的造反影响很大，使得吴人朱燮、晋凌人管崇在江南地方起兵响应他。这两人号称将军，拥有人马十余万，煞是声势浩大。隋炀帝很畏惧他们的势力，派遣大将吐万绪、鱼俱罗率大军征伐叛军，但再三攻打都没有取胜。

王世充认为他的机会到了。他的如意算盘是，先打着王军的旗号发展势力，正当合法地招募人马，又能得到中央的财力物力支持，比率先打出义旗的人占优势得多。他想现在召集一支队伍去攻打朱、管，凭着才干和实力，一定能够取胜，这样在隋军中他就能崭露头角，成为一支劲旅。到最后他大权在握，决定去留在他一句话了，那不是进退自如了吗！

于是王世充当机立断招募兵马，江淮间子弟以前受过他的恩惠的，闻风而动，纷纷赶来效力，很快就聚集了一万多强悍的士兵。他率这支队伍去征讨朱、管，连连得胜。每次打了胜仗，王世充都大肆褒扬部下将士，许多人都立功受奖。每次缴获的财物，都按人头分发下去，王世充本人丝毫不取。他的部下为他的无私、公正钦佩得五体投地，纷纷说："不替这样的人卖命，替谁卖命？"

王世充的部队像滚雪球一般壮大了起来，隋军中，就数这支队伍功勋最为显著，不久便成为最强劲的军队。

隋朝末年，天下动荡，豪杰并起，谋夺天下。地方官王世充懂得利用职权释放罪犯，落得一个"爱民如子"的名声；终于使自己的队伍成为最强劲的军队。

使用这管人高招，使人为我所用的还有唐朝的武则天。武则天一生杀人无数，但也做过饶人得报的"善事"。

上官婉儿，是李唐五言诗"上官体"的鼻祖上官仪的孙女。上官仪是唐初重臣，曾一度官任宰相。高宗李治懦弱，后期又不满武则天独断专行，便秘令上官仪代他起草废后诏书。不料被武则天发觉，便以"大逆之罪"使上官仪惨死狱中，同时抄家灭籍。时年一岁的婉儿及其生母充为宫婢，被发配东京洛阳宫廷为奴。婉儿14岁那年，太子李贤与大臣裴炎、骆宾王等策划倒武政变，婉儿为了报仇也积极参与。但事情败露，太子被废，裴炎被斩，骆宾王死里逃生。上官婉儿明知自己也将被处死，但结果完全相反：竟被武则天破例收为机要秘书。

原因何在？主要是上官婉儿有才，而武则天又尤为爱才。上官婉儿14岁时曾作了一首《彩书怨》的诗，被武则天无意中发现。武则天不相信这么好的诗竟会出自一位女孩之手，便以室内剪彩花为题，让她即席做出一首五律来，同时要用《彩书怨》同样的韵。

婉儿略加凝思，就很快写出："密叶因栽吐，新花逐剪舒。攀条虽不谬，摘蕊讵知虚。春至由来发，秋还未肯疏。借问桃将李，相乱欲何如？"

武则天看后，连声称好，并夸她是一位才女。但对"借问桃将李，相乱欲何如？"装作不解，问婉儿是什么意思。

婉儿答道："是说假的花，是以假乱真"。

"你是不是在有意含沙射影？"武则天突然问道。

婉儿十分镇静地回答："天后陛下，我听说诗是没有一定的解释的，要看解释的人的心境如何。陛下如果说我在含沙射影，奴婢也不敢狡辩。"

"答得好！"武则天不但没生气，还微笑着说："我喜欢你这个倔强的性格。"并将她14岁入宫时制服烈马狮子骢的故事，讲给婉儿听。

接着又问婉儿："我杀了你祖父，也杀了你父亲，你对我应有不共戴天之仇吧？"

婉儿依旧平静地说："如果陛下以为是，奴婢也不敢说不是。"

武则天又夸她答得好，还表示正期待着这样的回答。接着，赞扬了她祖父上官仪的文才，指出了上官仪起草废后诏书的罪恶，期望婉儿能够理解她、效忠她！

然而，婉儿不但没有效忠武则天，却出于为家人报仇的目的，参与了政变，成了罪人。这对高宗来说，应是充满同情和设法庇护的。但他惧怕武则天，只能借口有病，"不能多动心思"，而让武则天决定。这对司法大臣来说，只能提出按律"应处以绞刑"，若念其年幼，也可施以流刑，即发配岭南充军。而武则天则认为：据其罪行，应判绞刑，但念她才十几岁，若再受些教育，是可以变好的。所以，不宜处死。而发配岭南，山高路远，又环境恶劣，对一个少女来说，也等于要了她的命。

所以，也太重些。尤其是她很有天资，若用心培养，一定会成为非常出色的人才。鉴此，武则天决定对婉儿处以黥刑，即在她的额上刺一朵梅花，把朱砂涂进去。并把婉儿留在自己身边，"用我的力量来感化她"。还表示：如果我连一个十几岁的女孩子都不能感化，又怎么能够"以道德化天下"呢？

　　结果，武则天确实把婉儿感化了。该杀而不杀，反而留在自己身边，这已使婉儿感激涕零。此后，武则天又一直对婉儿悉心指导，从多方面去感化她、培养她、重用她。婉儿从武则天的言行举止中，了解了她的治国天才、博大胸怀和驭人艺术，对她彻底消除了积怨和误解，代之以敬服、尊重和爱戴，并以其聪明才智，替她分忧解难，为她尽心尽力，成了她最得力的心腹人物。甚至婉儿的生母也曾对人私下议论：婉儿的心完全被武后迷住了！

做个让部下感恩的"知己者"

　　"士为知己者死，女为悦己者容"，这是人们普遍存在的心理。管人者应该对这种心理加以利用，让部下视你为知音、伯乐、恩人，使他们以死相报，任你调遣，甘心为你上刀山、下火海，效力终生，无怨无悔。

元太祖成吉思汗（1206–1227）在他成大业的过程中，十分重视这一点。

有一次，成吉思汗听说亦乞列思的部族里有个叫孛秃的青年，是骑马射箭的好手。于是便暗暗派遣他的手下人术儿彻丹去调查，术儿彻丹骑马来到亦乞列思部族所在的也儿古纳河边。

孛秃知道术儿彻丹是成吉思汗派来的，恰好天已将黑，便留他住宿，并且杀了一只羊让术儿彻丹吃。第二日送别术儿彻丹时，见他的马太疲乏，便牵了一匹好马让术儿彻丹骑走。当晚，术儿彻丹来还马，孛秃对他的招待更加周到。

术儿彻丹回去以后，便把调查的情况全部告诉了成吉思汗。成吉思汗听后十分高兴，当场许诺要将自己的妹妹帖木伦嫁给孛秃，并派术儿彻丹将这喜事通知孛秃。

亦乞列思是个小部族，原先一直惧怕成吉思汗的乞颜部族，现在听到联姻的喜讯，全部族都兴高采烈。于是部族便推举了孛秃宗族的长者也不坚歹为代表来见成吉思汗议亲。

也不坚歹见到成吉思汗后便说："我们亦乞列思部族听到大汗要将皇妹下嫁给孛秃，好像是云雾散了见到太阳，春风溶化了冰块一样，喜不自胜。"

成吉思汗问道："孛秃家喂养了多少马羊？"也不坚歹回答说："孛秃家养的马不多，只有三十匹，现在愿以十五匹作为聘礼，请大汗应允。"

成吉思汗一听聘礼的事，很生气地对也不坚歹说："你们误会了。

我是看中孛秃这个人才，而不是看中他的家产。婚姻讲求钱财，这不等于商贾做买卖了吗？古人说过，人们的心想到一块是很难的。我现在正想攻取整个天下，你们亦乞列思部族，能够跟从孛秃效忠于我，我就满意了，何必谈什么聘礼呢！"

结果，成吉思汗便将皇妹帖木伦嫁给了孛秃，还陪嫁了不少钱财。孛秃受到这样的恩遇，自然全心全意地为成吉思汗效力。乃蛮部族叛乱时，孛秃带兵赶到，一举击溃乃蛮部族，立下大功。

后来，帖木伦病逝，成吉思汗又将自己的女儿火臣别嫁给孛秃，孛秃成了成吉思汗手下一名英勇善战的猛将。

大汗之恩宠，使得孛秃感激涕零，英勇善战的他除了精忠报效外，别无他求。

当然，这样的手段是很多人都用过的，自然不足为奇，相比之下，李世民的手段就更不同凡响，别具一格了。

李世责力为李唐王朝的建立立下了汗马功劳，深得唐太宗李世民的宠信，是列名凌烟阁上的 24 大功臣之一。李世民晚年又将辅佐太子的重任交给了他，对他说："我想找一个托孤的大臣，想了再三，没有谁能超过你，当年你没有作对不起李密的事，现在又怎么会辜负我呢！"

李世责力一听，感激涕零，咬破了手指，以那殷红的鲜血表示了他的忠诚。

可是，李世民病危时，却将李世责力降职贬官，赶出朝廷，他对帝位继承人李治说："你对李世责力没有什么恩德，我现在将他贬到外地。我死以后，你立即将他调回来，授他为宰相，他必然感激你的大恩，一定会为你拼死效力了！"

李治继位以后（史称唐高宗），按照李世民的办法做了，果然得到了李世责力的竭诚拥戴，唯命是从，对李家更加忠心了。

唐太宗一世英明，御人有术。其"托孤"方式也暗含机智。抑扬顿挫之间，父臣便为子用了。

第八章
培植：培养几个能做事的帮手

管人的诀窍之一是抓住重点人物，培养几个能做事又信得过的帮手。手下人有十个八个你还可以面面俱到，人多到三千五千甚至十万八万，你就必须培养骨干力量，让他们成为亲信和嫡系，成为权力金字塔的核心，这样才能以点带面，管好手下的一大帮人。

把下属的弱点作为培植的切入点

使功不如使过。抓住别人犯了错的把柄，然后用之就可以使之以一种感激畏惧的心情，以十倍、百倍的努力，发挥自己的才智，将功补过，忠心回报。

汉代的朱博本是一介武将出身，后来调任地方文官，他利用一些巧妙的手段，制伏了地方上的恶势力，被人们传为美谈。

在长陵一带，有个大户人家出身的名叫尚方禁的人，年轻时曾强奸别人家的妻子，被人家用刀砍伤了面颊。如此恶棍，本应重重惩治，只因他大大地贿赂了官府的功曹，而没有被革职查办，最后还被调升为守尉。

朱博上任后，有人向他告发了此事。朱博觉得太岂有此理了！就找了个借口召见尚方禁。尚方禁见新任长官突然召见，心中七上八下没个底，也只好硬着头皮来见朱博。朱博仔细看尚方禁的脸，果然发现有瘢痕。朱博就将左右退开，假装十分关心的样子问尚方禁："你这脸上的伤痕是怎么搞的呀？"

尚方禁做贼心虚，知道朱博已经了解了他的情况，心想这下肯定完蛋了。就像小鸡啄米似的接连给朱博叩头，嘴里不停地说道："小人有罪，小人有罪。"

"既然知道自己有罪，那就原原本本地给我讲来！"

"是，是。"尚方禁如实地讲了事情的经过。朱博将自己听到的与之相比较，觉得大致差不离。他用两眼严厉地逼着尚方禁，吓得尚方禁头也不敢抬，只是一个劲地哀求道："请大人恕罪，小人今后再也不干那种伤天害理的事了。"

"哈哈哈……"朱博突然大笑道，"男子汉大丈夫，本是难免会发生这种事情的。本官想为你雪耻，给你个立功的机会，你能自己效力吗？"

尚方禁开始被朱博的笑声吓得身上直起鸡皮疙瘩。心想这下要倒大霉了。但听着听着，终于缓过气来。朱博刚说完，他又是"扑通"一下跪倒在地："小人万死不辞，一定为大人效劳！"

于是，朱博又用好言安慰了一番，命令尚方禁不得向任何人泄露今天的谈话情况，要他有机会就记录一些其他官员言论，及时向朱博报告。尚方禁已经俨然成了朱博的亲信、耳目了。自从被朱博宽释重用之后，尚方禁对朱博的大恩大德时刻铭记在心，所以，干起事来特别卖命，不久，就破获了许多起盗窃、强奸等犯罪活动，工作十分见成效，使地方治安情况大为改观。朱博遂提升他为连守县县令。

又过了相当一段时期，朱博突然传令召见那个当年受了尚方禁贿赂的功曹，对他进行了独自的严厉训斥，并拿出纸和笔，要那位功曹把自己受贿的一个钱以上的事通通写下来，不能有丝毫隐瞒。

那位功曹早已吓得筛糠一般，只好提起了笔，准备写下自己的斑斑劣迹。

"记住！如果有半句欺骗的话，当心你的脑袋搬家！"朱博又大吼了一声。

这一声不打紧，只听"扑"的一声，毛笔从那位功曹的手中滑落了下来。那位功曹早已知道朱博办事，说到做到，是一位不好惹的上司。连忙躬腰一边捡笔。一边说："小人一定依照大人指示，如实坦白。"

由于朱博早已从尚方禁那里知道了这位功曹贪污受贿，为奸为贼的事，所以，看了功曹写的交代材料，觉得大致不差，就对他说："你先回去好好反省反省，听候裁决。从今后，一定要改过自新，不许再胡作非为！"说完，就拔出刀来。

那功曹一见朱博要拔刀，吓得两腿一软，又是打躬又是作揖，嘴里不住地喊："大人饶命！大人饶命！"

只见朱博将刀晃了一下，一把抓起那位功曹写下的罪状材料，三两下，将其裁成纸屑，扔到纸篓里去了。

"我的妈哟！"那位功曹早已吓得魂飞魄散，以为刀已到了脖子上。一看这种情景，他简直有点不相信自己的眼睛，还伸手朝自己的脖子上摸了一下：脑袋瓜果然还在！

"你出去吧！还是继续去当功曹。"那位功曹如获大赦，一步一拜地退了出去。

自此后，那位功曹终日如履薄冰、战战兢兢，工作起来尽心尽责，不敢有丝毫懈怠。

朱博还是继续重用那位功曹。

这是一个典型的利用把柄控制下属的事例，用此手段对下有恩，对上有功，又得了亲信，何乐而不为？

朱博的做法固然示明，但跟诸葛亮"降服"关羽比起来，只能是小巫见大巫。

诸葛亮是中华民族杰出的政治家、军事家和外交家，他在民间一直被视为贤相的典范、智慧的化身。他在驭人方面，不仅善于用人之长，还能巧妙地抓住部下的小辫子，让他们像戴上了金箍的孙悟空，本领再大，也得听唐僧调遣。

早在刘备三顾茅庐时，诸葛亮就为他设计出一套成功的方案：占荆州，据蜀地，东和孙权，北拒曹操，以待时机统荆州之兵，进据宛洛；率益州之师，出击秦川，以兴汉室。诸葛亮出山之后，就是鉴此蓝图来辅佐刘备的。建安十三年，曹操基本平定北方后率大军南下，旨在消灭刘备、并吞江南。此时刘备兵少将寡，军事上连连失利。诸葛亮认为，刘备的唯一出路是联合孙权，打败曹操，先有立足之地，再图发展。于是他亲自出使东吴，舌战群儒，说服孙权，智激周瑜，促成了孙刘联盟。又从多方面帮助周瑜，为即将开始的赤壁之战的胜利打下了坚实的基础。根据诸葛亮的判断，曹操兵败赤壁后必经华容道出逃，届时生擒，如囊中取物。但捉后如何处置，倒成了一大问题。他反复分析后认为：如杀之，则中原群龙无首，势必四分五裂，你争我夺，东吴便会乘机向北发展。一旦时机成熟，将会掉过头来吞并刘备。如不杀，也已灭其主力，一时无力南侵，还能牵制孙吴。若如此，刘备则可乘机占领荆州，进军巴蜀，正符合他隆中对时的设想。鉴于此，诸葛亮便考虑起人员的调配。他认为，张飞坦率急躁，捉住曹操后是不会放走的。赵云忠贞不贰，捉住曹操是不敢放走的。而关羽，他不但义气如山，还曾受曹操厚恩，而且是主公二弟，捉曹后定会释放。何况关羽还有一大缺陷：凭借百战百胜的威名有时傲气太重，若抓住他"捉放曹"的小辫子，也可届时给他点限制。主意已定，诸葛亮便将张飞、赵云、刘丰和刘琦一一派出，唯对身边的关羽置之不理。关羽忍耐不住，就高声斥问："我历次征战，从不落后，这次大战，却不用我，竟是何意？"诸葛亮故意激他："关将军莫怪！我本想派您把守一个最重要的关口，但又一想，并不合适。"关羽很不高兴地问："有什么不合适的呢？请明讲！"诸葛亮说："想当初您身居曹营，曹操对您多方关照。这次他惨败后必从华容道逃窜，若您前去把守，必会捉而放之！"关羽抱怨他未免多心，还说自己斩颜良、诛文丑、又解白马之围，早已报答了曹操。若再遇他，决不放行。诸葛亮仍以言相激，终于激得关羽立下了军令状，才领兵去华容道埋伏起来。

果然不出诸葛亮预料，曹操在赤壁不但被周瑜烧掉了他苦心经营的全部战船，还烧毁了一连串的江边大营。曹兵被火烧水溺、着枪中箭，死伤不计其数。曹操仓皇出逃，又一路遭到赵云、张飞的伏击，最后只剩27骑，且又人困马乏，狼狈不堪地来到华容道。突然，关羽横刀立马挡住了去路。曹操吓得浑身瘫软，不住地乞求关羽饶命。其随从也一个个跪地乞怜。关羽终于念及当初，随起恻隐之心，不顾事先立下的军令状，高抬贵手放走了曹操，灰溜溜返回大营。诸葛亮又照事先设想，特地迎接关羽，更使关羽无地自容。当关羽有气无力地禀报了原委，诸葛亮装作恼怒的样子要对他处以军法，刘备一再求情，才免了关羽死刑，令他戴罪立功。

诸葛亮精心设计的"捉放曹"，完全达到了预期的目的。后人每谈及此事，都赞扬说："诸葛亮智绝，关羽义绝。"关羽心高气傲，唯有抓其小辫子才可任你驱策。

干大事就要善于把能人变亲信

亲信的好处是忠诚，能够无条件地支持你。能做大事的管人者善于把能人培植成亲信，让他以其才能忠诚地为自己效命。

平定刘武周窦建德和王世充后，唐初统一战争取得了决定性的胜利。秦王李世民于武德四年七月甲子，一路上"至长安，世民披黄金甲，齐王元吉、李世勋等二十五将从其后，铁骑万匹"，真可谓春风得意，威武十分。李渊"以秦王功大，前代官皆不足以称之，特置天策上将，位在三公上。冬，十月，以世民为天策上将，领司徒，陕东道大行台尚书令，增邑二万户，仍开天策府，置官属。"

据史载，天策府的属官计有长史、司马各一人；从事中郎二人；军咨祭酒二人；典签四人；主簿二人；隶事二人；记室参军事二人；功、仓、兵、骑、铠、士六曹参军各二人，参军事六人。天策府实际上是李世民军事上的顾问决策机构。

随着机构的确立和地位的攀升，李世民的政治野心也随之增长：就在乎王世充时，李世民和秦王府记室房玄龄"微服"拜访一位名叫王远知的道士。王远知说："此中有圣人，得非秦王乎？"李世民据实相告，道士又说："方作太平天子，愿自借也。"李世民把血活一直记在心里，"眷言风范，无忘寤寐"。

由此可以看出，李世民当"天子"的念头原本已经有了，而李建成因"立嫡以长"的惯例成为太子，当他看到、听到、察觉到李世民的政治野心时，不能不"颇相猜忌"。

于是李世巨相李建成之间的矛盾便日益公开，李世民也越来越觉得自己名正言顺，向长兄挑战的意味日渐明显。

对于李世民来说，欲为"天子"的思想一旦形成，接下来该做的事便是开始修路了。

李世民深知，要想实现自己的政治抱负，就必须有自己的政治势力。关于这方面，其实早在晋旧起兵前，李世民便有所留心，在晋阳"密招豪友"，通过"推财养客"的手段，培植、结交了一些地方势力，这些人对李世民"莫不愿效死力"。

如果说此时的李世民是为起兵反隋而网罗人才的话，似乎是无可挑剔的，而在李唐政权建立、其兄李建成被立为太子之后，李世民借统一战争之机广泛搜罗人才很难说绝无政治目的了。这一时期在他所搜罗的人才中有一名叫杜如晦的人，此人在隋时已被人视为"当为栋梁之用"的人物，平定长安后，李世民将他引为秦王府兵参军，不久又被李渊调离秦府，任陕州总管府长史。当时秦王府记室房玄龄问李世民说："府僚者虽多，盖不足惜。杜如晦聪明识达，王佐之才也。若大王守藩端拱，无所用之；必欲经营四方，非此人莫可。"

李世民闻听大惊，道："尔不言，只失此人矣。"李世民遂奏留杜如晦为府属。可见，此时的李世民已有"经营四方"的大志，而不甘于"守藩端拱"了。由于李世民对杜如晦、房玄龄等早期人才的搜罗，此风已开，一干才俊便逐渐开始形成了以秦王李世民为核心的政治集团。

在统一战争中，李世民又乘机罗致了大批将才，使自己的手下有颇多名将。如在破刘武周时招抚的著名将领尉迟敬德，此人不但在洛阳之战中救李世民于单雄信槊下，而且在后来的玄武门之变中尔有上乘表现。又如屈突通，原为隋朝大将，其人性刚毅，好武略，善骑射，后兵败降唐，乃为秦王府行军元帅长史，并从平薛举，又讨王世充，功不可没。

这样的人才后来更多。再如刘帅立，初为王世充将军，洛阳平定后，本当诛戮，但因秦王惜其才，特免其死，为左亲卫，成为手下的亲信。张公谨初为王世充治州长史，降唐后，因李世勋与尉迟敬德的推荐，被秦王引入幕府成为心腹。秦叔宝、程知节原从李密，后归王世充，但他们认为王世充"器度浅狭"，不是拨乱之主，非托身之所，故于两军阵前归唐，又如侯君集、李群羡、田留安、戴胄都成了李世民的心腹爱将。

作为一个有抱负、有远见的年轻军事家、政治家，李世民懂得，天下动荡不安之时，要靠军事实力削平全国各地割据之雄，而要征伐战斗，就必须依赖于善战的武将。这种方略是在战争时期所通用的。然而，战争毕竟是有阶级性的，战争的目的是获得政权，这个目的一经达到，方略就会变成另一种样子，旧的方略便不再适用于新的形势。这是因为，政权只能由马上得之而不可在马上治之，这时，就需要文才儒学之士了。

用一个政治家的眼光来看待统一，李世民敏锐地感觉到文治之重于武功的好处。正是凭着这种延揽人才的思想，李世民引入并重用了儒生房玄龄和杜如晦。

房玄龄自幼聪敏，在隋时就已被"伯乐"视为"必成伟器"的、有"王佐之才"的人才。李渊起兵后，房玄龄杖策谒于军门，受到李世民重用，成为军中记室参军，他"每军书表奏，驻马之成，文约理赡，初无稿草"。可见其写作能力很强。房玄龄在秦王府十几年中拿典管记，对李世民忠心耿耿。每次战争之后，"众人竞求珍玩，玄龄独先收人物，致之幕府。乃有谋臣猛将，皆与之潜相申结，各尽其为"。昔在秦末，刘邦率军攻入咸阳阿房宫，一些将军们纷纷掠珍玩、掳女人，惟萧何则直奔秦朝的籍簿和文册。房玄龄有轻物重人之德，真是比之汉朝萧何有过之而无不及。李世民身边之所以有如此多的能人强将，与房玄龄的伯乐之德不无关系。

再如杜如晦，在李世民领导的统一战争中，他为李世民运筹帷幄，"时军国多事，剖断如流，深为时辈所服"。

此外，李世民用人不避亲，他所任用的自己的妻兄长孙无忌，从小就和自己是好朋友，随后跟着李世民南征北战立下汗马功劳。

李世民以武定祸乱，出入行走之时，跟随伪都是骁武的勇士。到了天下已定之时，又建立弘文馆，招揽了诸如于志宁、姚思廉、苏世长、薛收、褚亮、盖文达等人才。这些人后来便成了李世民政治上的决策团，也是他和智囊团。

打造一支能征善战的"子弟兵"

要开创自己的事业，就必须培养一批"子弟兵"。子弟兵的好处是有感情基础，不会轻易见利忘义，所以也就特别有战斗力。

朱元璋在这方面也经历了一个认识过程。他参加红巾军濠州部队之后，本来将郭子兴作为靠山，但随着和郭子兴日益亲近，却见他做事冲动，处世无方，目光短浅。轻言便看他亦非我方事的人，虽说是义岳父但到底还是靠不住。郭子兴被赵均用囚禁，只有朱元璋出主意搭救，其他将领只是壁上人，观望而已，竟无一援手，人心尽失已是人所共见的事实，由此不得不对郭子兴感到失望。及至濠州围解，彭、赵二人称王，朱元璋又见二人御下无方，军纪松散，料想也成不了大气候。他身处境州，寄身于一群靠不住的主帅，日久天长，不但难以建功立业，恐怕连性命也难保全，势必要另寻他策才行。

此情此景，已使朱元璋得出一个纤论：要成大事，非自立门户不可。此时他的志向也随着见识的增多渐趋明确，他刁仅仅要扬名立业，而且萌生了要像刘福通、徐寿辉那样做一方霸主，逐鹿江南的愿望。有缘于此，他便日思夜盼，单等一个能摆脱彭、赵二人，自谋发展的机会。

首先他要摆脱彭赵，将郭子兴的部队拉出来。在元军围困濠州时，朱元璋曾奉命率一支奇兵突围攻萧县、灵壁和虹公，以牵制元军兵力。元军撤围后，濠州城虽然是守住了，但城中死伤惨重，物资紧缺，急需补充兵员和军粮。朱元璋治军颇严，一向禁止下属打劫，所以他的军粮较之其他部队更少，实在没有办法帮助郭子兴。无奈之下，托一个老朋友弄来了几船盐，水运至怀远，以盐换粮，交给郭子兴，暂解燃眉之急。至正十三年（1353年）六月，朱元璋又奉命还乡募兵，不到十天招募了七百人，郭子兴大喜，提升他为镇抚，并将这七百人交他统率。

在这次招募来的七百人中，可谓人才济济，有很多人后来成为明朝开国勋臣，封公封侯，不但有明朝开国第一名将徐达，还有周德兴、郭兴、郭英、张龙、张温、张兴、顾时、陈德、王志、唐胜宗、吴良、吴祯、费聚、唐锋、陆仲亨、郑遇春、曹震、张翼、丁德兴、孙兴祖、陈恒、孙恪、谢成、李新、何福、邵荣、耿君用和耿炳文父子、李梦庚、都新、郭景祥、胡泉、詹永新等人。他们既是朱元璋的乡人，又多有智勇兼全之辈，朱元璋对七百人深相结纳，不久就得到了他们的敬仰和忠诚。同年七月，他以七百人为主力，攻克定远。

而此时，彭、赵二人势壮脾气长，矿属下越来越粗暴，特别是对濠州五帅部下，更是凌虐横暴。郭子兴、孙德崖等人虽是旧主，但势力不及彭、赵，仅能自安，不足以庇护手下将士，因而也是受气者。并元璋看到在这儿待下去没多大意思，只能招辱取祸，便将七百人交给他人统领，毅然于至正十四年正月初五出走，随身只带亲信二十四人，离开濠州，南下定远，准备发展新势力，开辟新天地。无奈天不从人愿，是年五月，他在南下定远途中身染重病，只得重返濠州，定远之行半途而废。

此行亡功而返，朱元璋意图已有所暴露，反而更坚定了自拉队伍的决心，脱离濠州的愿望也更加迫切。他已经由一个小和尚成长为胸有抱负的统帅之才，濠州这一小块政治舞台，无法提供他发挥才能实现抱负的机会，仅为这一点，他也非离开濠州不可。然而出走谈何容易，首先，没有一支强大而独立，完全由他左右的军事力量，一旦遇到挫折，势必又要像第一次定远之行那样，最终返回濠州托庇于人。而形势又不容许他从濠州拉走队伍，一方面濠州军队不是他的，想拉也拉不走；另一方面虽说郭子兴失势，不再是濠州的主人，但从濠州拉走队伍，他仍觉对不住郭子兴的厚恩，同时亦势必在走后陷郭子兴于绝地。因此他进退两难，忧心如焚。郭子兴多少，印道了一些朱元璋的心思，无奈帮不上忙，而且他此时比以往更需要朱元璋的协助一心想把他留在身边，于朱元璋患病返回的次年五月，授他总管之职。对此，朱元璋浑不在意，不忧不喜，一心只想着他的打算。

恰在此时，定远张家堡有支地主武装三千人，号称驴牌寨，主帅是郭子兴当年老友，因孤军乏粮，想投靠濠州却犹豫不决。当时红巾军四起，由于统帅多是农民田身军事知识都是从战斗实践中来，加上目光短浅；军纪严，有的首领甚至怂恿部下抢劫民间财物，一开始还只是抢劫地主富室，后来就不问青红皂白，任意抢掠、敲诈勒索、强奸妇女，坏事做尽。因此不但地主富室人人自危，就是普通百姓也开始渐渐反感红巾军，与地主富人们一起指责红巾军是"贼寇"。为了保护自身的生命财产安全，有的地主便组织村民武装自卫，形成了地主武装力量。他们的政治态度基本亡是元军来了，便投向元军；元军一去，他们和红巾军和平共处，井水不犯河水，以目保生存。驴牌寨的这支地主武装力量就是如此，所以面临乏粮的困境时，虽有意投降濠州红巾军，却又拿不定主意。朱元璋这时病势已趋缓和，但尚未完全痊愈，一日听马夫人告知此事，顿时一振，认为机不可失，时不再来，强支病体来见郭子兴，请命赴定远招降驴牌寨。郭子兴这几日正思量此事，见朱元璋请缨，便欣然同意了。

朱元璋带着费聚等亲信十一人赶赴定远，中途又发病两次，卧床歇了六天，终于来到了宝公河边。他将余人留下待命，自己和费聚俩人来到驴牌寨，对主帅道："郭公与足下之下有旧，闻足下军艰食，他敌欲来攻，特遣吾相报。能根从，即与俱往；否则，移兵避之。"那主帅当即答应，和朱元璋交换了信物，说过几天就到濠州去。朱元璋留下费聚等人守候，自己返回濠州。不料驴牌寨主又变了卦，想依着朱元璋所说"移兵避之"，将队伍向他处转移。

费聚等人三天后赶回濠州，报知此事。朱元璋心想好不容易得此一队人马，哪里容他如此轻易走掉，只恼那主帅反复无常。火速率二百人赶往驴牌寨，面见主帅，费尽唇舌，希望主帅遵守前诺。驴牌寨主帅见他如此热切，反增疑惑。朱元璋'料想事业,不谐，便定计将驴牌寨主哄出寨来，说找他商量要事，暗中埋伏五十壮士，将主帅一拥拿下，强行押离营地。走出十余里后，朱元璋又派人回营假传主帅号令，说主帅命部下移营。三千驴牌寨兵卒信以为真，一把火烧了营寨，跟随而至。主帅见事已如此，只得归降朱元璋。接着朱元璋又带兵去豁鼻山，招降了另一支地主武装首领秦把头，再得部众人百人。

当时，横涧山另有民兵七万，也是一支地主武装，主帅叫缪大亨，定远人，颇有家财。元本大乱，他纠集了一大批地方武装在横涧山自保。元将贾鲁率军攻打濠州时，曾配合元军攻打濠州，元政府因而封之为"义军"元帅，并派军官张知院前来监军。贾鲁身死，元军退却后缪大亨没有占到什么便宜，与张知院重新占据横涧山。得驴牌寨与豁鼻山两处兵勇后，朱元璋在半个月时间内紧急训练了一番，便去攻打横涧山。缪大亨的"义军"虽然数十倍于朱元璋军，但平日既缺乏训练，作战又不积极，只是一群乌合之众。朱元璋命猛将花云夜袭，鼓声呐喊声惊天动地，横涧山守兵出于不备，心中先怯了。张知院是个无能之辈，一见变生意外，只身逃走。朱元璋大获全胜，占领了横涧山。天明，缪大亨收拾残卒，勒众再战，朱元璋便派缪大亨的叔叔去劝降。缪大亨见横涧山已失，手下残兵无多，不堪再战，加上经此一败，在元朝蒙古人那里已获罪不小，实难善罢，便不得已收兵投降。朱元璋从横涧山降卒中挑选精壮二万人，其余尽皆遣散，至此拉起一支赖以与天下争长的武装，终于有了本钱。

缪大亨投降后，朱元璋又陆续收编了吴复、冯国用、丁德兴等多支地主武装。这些整编后成为朱元璋主力的地主武装人数较多，将领出身富室，文化水平较高，往往知书达理、足智多谋。如冯国用、冯国胜兄弟，自幼读书，精通兵法，颇识大体，朱元璋对他们相当信赖，曾向他们咨询争雄天下之策，冯国用道："金陵虎踞龙盘，帝王之都，先拔之以为根本。然后四出征伐，倡仁义，收人心，勿贪子女玉帛，天下不足定也。"又加定远昌义乡毛麒，智识过人，朱元璋便将他朝夕带在身边，"与其讨征讨之事"。毛麒从此成为他的得力部下，攻滁州时"典仓廪，兼掌晨昏历，稽将帅之失伍者"，渡江后又和李善十一起协赞"文书机密"。

同时，朱元璋还"倡农夫以入伍"，吸收许多贫苦农民参加他的队伍，对这支队伍加以严格训练，他曾对收自横涧山的二万精壮指出他以四千破七万的原因在于横涧山军无纪律，疏于练习，说明了训练和守纪的重要性。将士们有了认识，齐声一诺道："惟公所命。"经过严格的训练，这支迅速壮大的军队，很快成为军纪严明、骁勇善战的精兵。朱元璋军小亦用红色军旗，亦称红巾军，随着队伍的壮大和人才的增多，他的志向也更大了。此时，他已有吞并天下之志，所以当冯员胜献策让他攻取金陵，以天下为己任时，朱元璋大喜，将冯国用留于幕府，作为参谋。

军队已经初步组建成功，就要寻个安身之地。正如磨过刀后总想试试刀的锋刃一样，朱元璋也想试试这支靖兵的锋芒，于是决定向东南进击，攻取滁州（今安徽滁州市）。不过，朱元璋尚有一事不足，虽然此时手下不乏智勇兼全之辈、出谋划策之人，但真正能赞襄大业、协助他开基立业的智谋之士、王佐之才，还一个也没有。

在进攻滁州的路上，天公作美，朱元璋得到了与他的事业关系密切的李善长。此人原名元之，祖籍安徽歙县，居于定远，生于元仁宗延祐元年（1314年）。少年时曾在教县灵金山苦读，及长，见元政府仇视汉人，鄙薄儒生，无心科举，专心案牍，喜读兵家和法家著作，钻研机谋权度，审时度势之道。后弃文经商，往来于徽州、定远之间，遂成巨富，加以计谋远略，"料事多中"，名声远扬。元末大乱，李善长坐家观望，韩山童、刘福通举义，妻兄王濂立即相从，李善长以为操之过急，安坐不动；郭子兴定远聚义，攻陷濠州，李善长见他亦非人杰，仍然坐视。李善长以才智自恃，常言要以此"授与帝王家"，意即人生不可儿戏，必要待一个能平定天下的英雄，才肯托以身家性命。这时朱元璋收编驴牌寨，夜袭横涧山，攻陷定远城，兵行神速，军纪严明，体现出来的见识和胆略，使李善长为之心折，而后得知冯国用兄弟也主动投靠了朱元璋，遂使他下定决心，稍事安排，即来投奔。至正十四年（1354年）

七月，李善长追上了朱元璋开往滁州的军队。朱元璋早闻李善长之名，心中大喜，见面一揖之后，问道："四方战斗，何时定乎？"李善长道："秦乱，汉高祖起于布衣，豁达大度，知人善任，不嗜杀人，五载成帝业。今元纲既紊，天下土崩瓦解。公濠产，距沛不远，山川土气，公当受之。法其所为，天下不足定也。"朱元璋任他为军中掌书记，叮咛道："方今群雄并存，非有智者不可与谋议。吾观群雄中持案莫及谋事者，多毁左右将士，将士弗能为也。"至此，凡军中文书牒告，多出于李善长之手。据史料记载，朱元璋晌与李善长协商机密，军情大事悉咨之。

这一年的七月，朱元璋以花云为先锋，攻人滁州境内。花云长身黑面，骁勇绝伦，跃马横矛，单骑冲在前面，路遇滁州数千守军。花云右手持矛，左手拔剑出鞘，直冲敌阵，左右击刺，应声落马者无数，敌兵相顾骇然道："此黑将军勇甚，不可当其锋。"惊慌败走。

攻克滁州后，朱元璋非常注意吸纳当地人才。滁州儒士范常至军门拜谒，他热情款待，诚心结纳，使之成为手下一位重要谋士。名将邓愈、胡大海也是这时投靠朱元璋的。邓愈为虹县人，元末动乱，其父起兵据临场（今安徽凤阳东），后战死。其兄邓友隆代领所部，不久病逝，邓愈年方十六，被众人推为首领，"军中威服其勇"。胡欠海是邓愈的虹县同乡，此人长身铁面，智勇过人。二人深得朱元璋器重，一为管军总管，一为前锋。至此，朱元璋实力更为雄厚，在滁州站稳了脚跟。

第九章
用人：决定管人成败的关键

　　管人者必然涉及如何用人的问题。自古以来，帝王将相当中大凡功业卓著者，在用人方面一定有其独到之处。用人是一门综合性的学问，需要对人有充分的了解，对形势有清晰的认识，对事情有洞悉本质的判断，这样用起人来方能做到人事相宜。相反，如果人、事失位，面临的只能是局面失控、管人失败的结局。

对于特殊人才的使用应不拘一格

　　人才的使用不应人为地设置诸多条条框框，比如出身、学历、籍贯等。实际上，许多人才可能过不了那些条条框框的关，但确实身具异才。框框一多，人才脱颖而出的路子便被堵塞了。

中国历史上许多明相在选拔人才时，能够不拘资历地位，不计亲疏远近，任官使能，选贤举才。

春秋时期的齐相管仲十分重视人才的发现、培养和使用，对传统的"世卿世禄"的选官制度进行了大胆的改革。他主张按"德"、"功"、"能"三条基本标准选拔人才，尤其强调要"察能授官，班禄赐予"，"其绩多者其食多，其绩寡者其食寡，无绩者不食"，认为这是"使民之机"，是用人的关键。为了遴选天下的英才贤士，他创设了"三选制"。规定：首先要求各乡把那些有才德武功的人士推选给国家；国家有关部门再对乡选人士进行一段时间的试用考核，择其优异者上荐给国君；最后由国君亲自审核使用。这是古代用人问题上的一大突破，这种制度以德、功、能为标准，量能以授官，注重从社会的基层而不是从显贵势族中选用人才，打破了传统的贵族垄断官职的世卿世禄制度，使大批有实践才干、有真才实学的人能脱颖而出，为国效力。如当时齐国的大司田宁戚，原本出身低下，曾是为商旅赶牛车的车夫，但由于他擅长"垦草入邑，辟土聚粟，多众尽地之利"等农业方面的管理工作，于是管仲将其破格擢用。其他的诸如大司理宾胥无、大谏官东郭牙、大行隰明、大司马王子城父等都是管仲不拘一格、量才任用的。正是由于推行了这种开明、务实的选用人才方针，才使得管仲在齐国进行的一系列改革得以顺利贯彻执行，才使得齐国日益强大起来。

曹操在中国历史上素以不拘一格、知人善任而著称于世。东汉以来，选拔官吏的权力为豪强世族把持，用人只重门第、"德行"，不重视真才实学。曹操置东汉以来的选举标准于不顾，再三颁布求贤令，宣称要"不拘微贱", "明扬仄陋，唯才是举"。要求有关官吏"举贤勿拘品行", "取士勿废偏短"，对那些即使不懂儒术的"文俗之吏"，甚至"不仁"、"不孝"但有"治国用兵之术"的人要大胆起用。在实践中，曹操也是坚决贯彻"唯才是举"的用人路线的，他十分注意从基础或实际斗争中发现和提拔人才，特别是出身微贱而有才干的人，让他们担任要职，参与军政大事。荀彧，仅为小小县令，但他才智过人，有"王佐之才"，投奔曹操后，曹操大喜，说："吾之子房也。"把他比作汉高祖刘邦得到谋臣张良，并立刻委托为司马，参与军机要事。这年荀彧仅29岁。在曹操的统一战争中，荀彧果然不负所望，多次出奇谋，献良策，成为曹操信赖的良佐。还有许多文臣武将，诸如郭嘉、荀攸、杜袭、赵俨、满宠、贾诩、刘放、孙资、于进、乐进等，或出身贱微，或为一般小吏士兵，都被曹操发现并提拔重用，在曹操的统一事业中发挥了重要作用。

与曹操同时期的名相诸葛亮在治蜀的过程中，也十分注重不拘一格、人尽其才地选拔官吏，只要有真才实学，便委以重任。他曾总结历史上的经验教训，认为西汉之所以强盛，是因为当权者能任用贤臣，疏远小人；而东汉后期之所以衰亡，是由于当权者排斥贤人，重用佞幸。因而他用人不重门第、地位，不拘资历、亲疏，而是任人唯贤、唯才。他说："柱以直木为坚，辅以直士为贤。直木出于幽林，直士出于众下，故人君选举，必求隐处。或有怀宝迷邦，匹夫同位；或有高才卓异，不见招求；或有忠贤孝悌，乡里不举；或有隐居以求其志，行义以达其道；或有忠质于君，朋党相谗。"对于上述隐埋在民间或基层的贤能之士，他主张要尽量选拔录用。

　　诸葛亮在实践中也确实提拔了不少德才兼备的人士。李严为犍为太守时，其属下一小吏名为杨洪，为人刚直不阿，处世沉稳有方，曾因劝谏李严受到诸葛亮的注意。刘备与曹操争汉中，急书发兵，诸葛亮询问杨洪，杨洪果断地答道："汉中则益州咽喉，存亡之机会。若无汉中则无蜀矣，此家门之祸也。方今之事，男子当战，女子当运，发兵何疑？"

　　诸葛亮认为杨洪的看法很有见地，而且具有清晰的战略头脑，可以委以一方重任。于是先让他代理蜀郡太守，以试其实际才能，结果"众事皆办"，政绩斐然，便予以正式任命。不久，又提拔他为益中治中从事。

　　诸葛亮北伐前，曾向后主刘禅推荐了蒋琬、费祎、向宠、郭攸之等人，以主持后方的军政事务。其中蒋琬本是一州中负责文书缮写起草诸事的书佐，随刘备入蜀后被任为广都长。有一次，刘备、诸葛亮因游观奄路经广都（今四川成都南），见蒋琬众事不理，又沉醉不醒，刘备大怒，欲杀之。诸葛亮见蒋琬不事逢迎，不同流俗，心中很是欣赏，便向刘备说："蒋琬，社稷之器，非百里之才也。其为政以安民为本，不以修饰为先，愿主公重加察之。"刘备一向敬重诸葛亮，听了此番话，只好作罢，但免了蒋琬的官职。刘备死后，诸葛亮开府治事，遂辟用蒋琬为丞相府东曹掾，后又升之为长史，成为诸葛亮的得力助手。诸葛亮数年南征北伐，"琬常足食足兵以相供给"，致使诸葛亮高度推赞他"托志忠雅，当与吾共赞王业者也"。并向后主保举他为自己的接班人。向宠，原来只不过是一牙门偏将，夷陵之战时，刘备大败于吴将陆逊，各部军队损失惨重，而向宠由于沉稳冷静，指挥得当，结果只有他的营垒完好无损，军队临危不乱。诸葛亮经过考察，认为他品德优良，办事公允，又通晓军事，可以委以重任，故封之为都亭侯，升为参军，北伐时，将后方的军务完全交付给向宠。

诸葛亮任人唯贤，使其文臣武将都能"尽其器能"，屡立功勋，为蜀汉政权奋斗一生。

"能安天下者，惟在用得贤才"，唐高宗一语道中人才与治国安天下的关系。事业成功与否，关键在于能不能有一批贤能的人才云集于周围。唐中期宰相刘晏是中国史上赫赫有名的理财家，他之所以能指挥庞大的理财系统灵活自如，之所以使许多经济改革措施得以很好地付诸实施，除了他自己的决心大、能力强、措置得宜外，他的择能任贤、善用人才也是一重要因素。刘晏深知"办集众务，在于得人"，没有合适、有能力的人，事情是办不好的。因而他"通拥滞，任才能"，十分注意用人问题。刘晏任人，"必择通敏、精悍、廉耕之士而用之"，即通达事务、精明强干、忠于职守、廉洁奉公是他用人的德才标准。因而，为了做好工作，刘晏对属吏的挑选毫不马虎。但他在选拔人才时并不注重资历，而是大胆起用有才能的年轻人和低职小吏。史称他"凡所任使，多收后进有干能者"，或"皆新进锐敏"、富有朝气的新秀。刘晏主管东南财政之初，曾利用"停天下摄官"、"独租庸得补署"的机会，选择了当时"能任繁剧事务、有才能干"的"补署为官，积数百人"。

《新唐书·刘晏传》说："经晏辟署者，皆用材显。"如包佶，为进士及第，是朝中低品官员，因罪贬岭南，刘晏对他的才干很是欣赏，便起用他为汴东两税使。其余如韩洄、裴腆、李衡、卢征、李若初等，也都是刘晏因才而录用的，并皆"有名于时"。正因为他拥有了这一支人才济济的人才队伍，"趣督倚办，故能成功"。并且还为以后的理财工作培养了骨干，"故晏没之后掌财赋有声者，多晏之故吏也"。

北宋寇准在相位，一向举贤任能，破格用人，从不依次晋升臣僚。对此，许多同列不满。一次又任用官员，其僚属拿着官吏名册，拟依次晋升。寇准却说："宰相所以进贤退不肖也，若用例，一吏职尔。"即宰相的职责就是提拔忠良贤才，罢黜奸邪不肖之徒，如按名册先后用人，一个小小的属吏即可办到，还要我宰相作什么。

清朝宰辅阿桂，字文廷，号云岩，曾历任伊犁将军及工部、兵部尚书等职，累官至武英殿大学士兼军机大臣，甚为乾隆帝所倚任。阿桂知人善任，极为重视在他的部属中拔擢人才，常常因某个部属说了一两句有见地的话而上书推荐，提拔重用。所以，人们喜欢在他手下做事，为其所用。如其部属兴奎以将校从事，阿桂发现他是个将才，便任命他率军攻克某岭，结果，即日克捷。后来，兴奎终于成为名将。还有王昶、百龄等，皆因阿桂的推荐，而以微员致司寇、协办大学士等显贵要职。

用一人而安定全局

用人是决定管人成败的关键，用对一个关键人物，更是事关整个用人大局的关键。

　　在这方面，刘邦是用人的典范。

　　在秦汉之际群雄逐鹿的年代，天下的豪杰无不各自选择明主，既是为了更好地施展自己的才能，也为着成功之后的荣华富贵。因而，当时的贤能之上游移于各路诸侯之间，去此就彼的事时而有之，屡见不鲜。刘邦为成就他的帝王之业，也是尽力招揽贤才，有很多人原在敌对势力或其他诸侯那里供职，有不少人在"各保其主"的情况下，曾做过十分令刘邦困窘的事。但是这些人或为改换门庭而来，或因战败被俘，刘邦都能不计前嫌，一律接纳，予以封赏，委以重任。这类的事例，多得不胜枚举。其中，最能说明问题的是他对雍齿的宽容。

　　雍齿在丰城降魏，使刘邦处于困窘的境地。刘邦攻打丰城，未能攻下。举兵之初的艰难之际，雍齿的叛变使刘邦最为寒心，忌恨终生。即使如此，刘邦后来还是宽容了雍齿，使他得以为刘邦立有不少功劳。刘邦时时想杀死雍齿以解宿怨，但总是念他功多，但更主要的是刘邦从大局出发，有豁达大度的胸怀，不念旧恶，这才使得雍齿并未遭到杀害。

　　刘邦后来当了皇帝以后，分封诸侯。刘邦费了很大的力气，用了快一年的时间，在将军中封了二十个侯。剩下未能受封的人，日争夜争，就是把全部土地都拿出来分，也不能使他们满足。刘邦准备把这件事情先搁一搁。

　　一天，刘邦正在洛阳南宫理事，突然从阁道（又称"复道"，宫廷楼阁间的通道）上看见将领们三三两两地坐在草地上，交头接耳他说着悄悄话。他问张良："那些将军们在谈论什么？"张良看了一眼，一本正经地回答："他们商量着何时造反。"刘邦吃了一惊，说："天下刚刚安宁，他们为什么又要反叛呢？"张良说："陛下出身于平民，靠着这些人夺得了天下。他们跟陛下起事，为的是能封官晋爵。如今陛下当了皇帝，受封赏的尽是萧何曾参等亲近的人，被问罪的都是陛下平时不喜欢的人。军中将士扳着手指计算战功，认为陛下拿出整个天下也不够封赏。他们担心陛下既然没有力量加封，就会找寻以往的过失来加诛杀，所以大伙既生气又害怕，便聚在一起谋划背叛的事。"

刘邦听了，急得紧紧抓住张良的手，让他快快给自己出个好主意。

张良问："陛下平生所最憎恨的那个人是谁？"

刘邦不假思索地回答："当然是雍齿这个混东西！雍齿多次侮辱朕，朕正想杀掉他以泄胸中的闷气。"说这话的时候，刘邦牙齿咬得咯咯响，恨不得立刻把雍齿一口嚼碎吞进肚子。

张良却哈哈笑起来，说："请陛下立即下诏，封雍齿为列侯。"

刘邦听了，满脸迷惘。

张良说："雍齿封了侯，就能让群臣心里安定。"

刘邦恍然大悟，立即摆酒设宴，当着众位武将的面，封雍齿为什邡侯，食邑二千五百户，并令丞相和御史抓紧时间评定其他人的功劳，以便随后封侯。雍齿受宠若惊，对刘邦更加忠诚。其他将领们果然放下心。他们说："连雍齿都封了侯爵，我们干吗还要发愁呢？"

张良机智献计谋，刘邦咬牙封雍齿。此事成为千古传诵的一段佳话，北宋司马光称赞张良"善谏"，从而"使上无阿私之失，下无猜惧之谋，国家无虞，利及后世"。王安石也为此赋诗说："汉世存亡俯仰中，留侯于此每从容。固陵始议韩彭地，复道方图雍齿封。"

大胆使用自己急需的人

管人者要有一个清醒的头脑：自己需要的是什么样的人。对这个问题认识清楚以后，再以一双猎鹰一般的眼睛搜寻"猎物"，一旦发现，就不要被周围平庸的看法左右，大胆使用，给人才一个充分发挥的空间。

陈平是阳武县户牖乡人，家境清贫，但他酷爱学习，与哥嫂长期生活在一起。哥哥陈伯非常喜欢这个小弟弟，终年辛勤劳作，供陈平读书。尽管家里饭食条件不好，陈平仍长得仪表堂堂，是方圆百里闻名的美少年。人们纷纷议论："陈伯家里那样穷，给陈平吃什么好东西了，竟长得这么漂亮"？嫂嫂早就对陈平白吃饭不干活心里有气。听了这话，撇撇嘴说："也是吃糠咽菜而已。养了这么个小叔子，还不如没有的好！"陈伯知道了这事，休了不肖的妻子，继续供陈平上学。

因为家里穷，陈平长得很大了，还没有娶到媳妇。本地有个富翁，叫张负。他的孙女一共嫁了五次，五个丈夫都死了。乡里人说她是"克夫"的命，没人敢再娶她，陈平却不在乎，主动提出愿和这位女子成亲。婚后，陈平在经济上有了张负的资助，读书更用心了，交游也更广泛了。

陈平办事能主持公道。家乡每年春秋两季都举行祭祀神社的庙会。庙会结束后，邻里们要分享祭祀用的肉。分肉的差事，总是交给陈平办。陈平每次都能分得让大家人人满意。乡亲们称赞他。他总是笑着说："这点小事不足挂齿。以后如果让我帮忙主宰天下，我也会做得像今天分祭肉一样，让人人喜欢。"

陈胜起义后，魏公子咎在魏地称王。陈平投奔他，被封为太仆。陈平提了许多好建议。魏王咎总是不采纳，还有人经常在魏王面前说他的坏话。陈平的才能无法在魏施展，便改投到项羽帐下，被任命为"卿"。这也是个只备咨询的闲职。

汉王刘邦兼并了三秦土地，殷王司马卬有叛楚的迹象。项羽封陈平为信武君，让他去安抚司马卬。司马卬接受陈平劝告表示继续忠于楚国。陈平因出使有功被晋封为都尉，还赏赐给二十铁黄金。可时间不长，司马卬仍投降了汉王。项羽认为这是陈平的过错，要杀陈平。陈平有口难辩，连夜封存好项羽赏赐的黄金和印信，只身逃出楚营，投奔汉王。

过黄河的时候，撑船的艄公见他长得白白胖胖的，以为是个有钱的富翁，起了图财害命的歹心。陈平觉察出来了，主动脱掉衣服，赤身露体，帮着艄公摇船。船夫见他是个穷光蛋，便放过了他。

躲过了这一劫，陈平顺利地来到汉营，到了汉营，陈平托与自己交往很深、又受汉王重用的魏无知帮忙引荐。魏无知讲述陈平的才华，汉王刘邦将信将疑。当时来投奔汉营的还有六个人。刘邦把他们一块留下来吃饭。饭后，别的人都先后告辞了，陈平仍端坐着不动。他请求汉王能尽快给他先排一个合适的位置。刘邦对陈平做了认真、全面的考核。所问之事，陈平无不对答如流。那博深的知识，横溢的才气，使刘邦惊叹不已，他下了决心，对富有才华的人，应破格录用。便问："你在项王那里担任什么职务？"陈平答："都尉。"刘邦当即宣布：封陈平为汉军都尉，兼汉王参乘同时执掌监护汉军将士之职。

汉王破格录用陈平，在汉营掀起了轩然大波，特别是从沛县就跟着刘邦起兵的老资格将领，很不服气，说："陈平是楚国的一个逃兵，来汉营才三天，寸功未立，竟受如此器重，太不应当。"

汉王对这些议论一概不理，对陈平的重用有增无减。不久，又升陈平为亚将（仅次于主将），派往前沿阵地广武巡视。

以后的事实证明，陈平不仅是一位有勇有谋的杰出人才，而且是一位名副其实的谋士，为除掉范增立下了不朽之功，也为刘邦往后的节节胜利铺平了道路。

以爱才之心兴用才之势

之所以说人才需要爱惜，是因为人才在未被重用之前，就像刚刚破土而出的秧苗，很容易被践踏而死。相反，如果管人者以爱才之心用才，并以自己的行为感染身边的人，使他们形成爱才、护才、用才的共识，人才才不至于被轻易埋没。

如果有贤才者锋芒毕露，才华超人，则会被嫉贤妒才者所忌，不仅不肯推荐，甚至加以诽谤，诚恐其超过自己或代己之位，对彼尊贵，自己则卑贱。有的虽知贤而不愿荐贤，这种人认为多一事，不如少一事，怕推荐的人出事累及自己。凡此种种，都是荐贤的难题。然而在贞观一朝，不但李世民求贤若渴，而且在他的奖励和带动下，手下的群臣也纷纷举荐治国贤才，使大唐人才济济。

李世民的丈叔高士廉就是一个爱才的人。十三岁的少年卢庄道被父亲带到高士廉家中拜访。这时，刚好有人进献书籍给高士廉，庄道偷偷看了这些书。之后，庄道告诉高士廉说其中一篇文章是自己所作，高士廉非常惊奇，他不相信地说："一个年轻书生怎么可以这样轻浮！"卢庄道见状，要求自己背诵那篇文章，果然流利通畅。又请求倒着背诵，仍然流利通畅。高士廉更加惊奇，就与庄道交谈了很长时间，庄道最后感激地说："这篇文章实际不是庄道所作，只是刚才偷着记下来罢了。"高士廉又取来其他文章检查庄道，庄道看一遍就能背，并且呈上自己写的文章。高士廉把这些都讲给李世民听。

李世民于是召见卢庄道，让他参加策试，中了第十六名，因卢庄道年纪小，李世民任命他为河地县尉。任满之后，卢庄道又参加了李世民命题的科举考试，中一等。李世民召见了卢庄道，让他当长安尉。

有一次，李世民组织官员审察记录囚犯的罪状，有关部门认为卢庄道很小，便想用其他县尉替他，卢庄道不答应。处在少年期的卢庄道虽然喜欢玩，但为了前途，他不愿错失这个机会。第二天李世民召见囚犯，只见卢庄道引领慢慢前行的囚犯进入大厅，为李世民评议每个囚犯罪行的轻重和关押时间的长短。李世民问什么，卢庄道就答什么，清楚得让人吃惊。李世民惊讶极了，当天就提升他为监察御史。

由卢庄道的任用，不难看出李世民手下诸臣忠于职责，不妒奇才为政之风，还可看出李世民本人任人唯才、不拘一格的用人方式。以举荐卢庄道的贞观重臣高士廉为例，就不仅有知人之明，还有荐贤之量，有为国家荐贤的至公之心。李世民对臣子所推之才不迷信，必定经过层层考试来确定他的才学，从而保证了官员人人皆贤才而非庸才的用人标准，这样的用人之法，自然能使大唐得到无数人才。

贞观时期人才济济的另一重要原因在于：作为一名封建帝王，李世民任才能够真正不拘一格。他不论人外表长相，不论年老年少，皆取其才而用之。冯智戴是高州首领冯盎的儿子，贞观初年，冯智戴和父亲一同进朝拜见李世民，李世民听说这个年轻的后生善于兵法，就试探着以山间的白云来问冯智戴，说："白云下面有贼寇，今天可以攻打吗？"冯智戴看了看白云说："可以攻打。"李世民又问："为什么可以攻打？"冯智戴就以阴阳五行来回答："白云形状像树，日辰在于金，金能克制木，所以攻打敌人必定能胜利。"

李世民听了他的话，认为很有出奇之处，马上任命他为武卫将军。

李义府是高宗李治时期的宰相。当初，安抚史李大亮、侍史刘洎等联名举荐他，李世民在内殿召见，考查李义府，让他以乌鸦为题作诗，李义府很快就做了出来："日里迎朝彩，琴中半夜啼。上林许多树，不借一枝栖。"

上林是种植花草树木、供养禽兽以让皇帝打猎娱乐的范围。李义府在这里以此为喻，说明自己想入朝为官而不能的愿望。李世民听了之后非常赞赏地说："朕把整株树都给你用，岂止一枝。"于是破格提拔李义府为监察御史。

贞观初年，李世民听说景州录事参军张玄素很有才能，便亲自召见，并询问他治理国家的方法。

张玄素不卑不亢地说："臣看自古以来，没有像隋朝死丧祸乱那样厉害的。难道不是它的君主暴虐，它的法律无比混乱的原因吗？假使君主在上虚心接受意见，臣子在下矫正过失，何至于如此呢？况且万乘之君，要使想自己独断所有国家事务，一天决断十件事，就会有五条出偏差，何况万事呢？日以继月，以至成年，错误就会很多，凭什么不灭亡呢？陛下如果借鉴隋亡，一天比一天谨慎，尧舜治世之道，就近在眼前了。"李世民对此话深感赞赏，便提拔张玄素当了侍御史。

李世民曾任温彦博为吏部侍郎，主管官员的考试，当时有个考生没有考上，他叫裴略，揭榜后，藩第的裴略对温彦博说："我愿意为你做几篇赞，算是自我解嘲吧。"

温彦博便让他嘲讽厅前的一丛竹子，裴略说："竹，冬月不肯凋，夏月不肯热，肚里不能容国士，皮外何劳生枝节？"温彦博又让他以屏风为嘲，裴略说："高下八九尺，东西六七步，突兀当厅坐，几许遮贤路。"

裴略所作诗的意思即是：竹子冬天不愿意凋谢，夏天也不怕热，肚量狭小，寄不下天下的贤士，外表长点枝权又有什么用呢？屏风高八九尺，长六七步，高高地厅室上坐着，挡着多少贤士的路啊！温彦博听完说："这好像是在中伤我啊！"裴路却说："我既然这样说，何止是伤你。"温彦博在惭愧之下，又觉得裴略才思敏捷，于是上报李世民让他做了官。

在整个贞观一朝中，李世民时时关心、处处留意人才的出现。而对于天下才子来说，他们碰到李世民，也无疑碰到了一个善于识别优劣真伪的伯乐。

用人以实用为最高原则

关于用人的话题屡见不鲜，到底应该用什么样的人，不同的人有不同的看法。但有一点恐怕大多数人没有异议，就是要用具有真才实学、能干事、能解决问题的人。如果所用都是一些中看不中用的花瓶人物，失败也就在所难免了。

吴王元年，朱元璋大宴群臣，酒宴结束后，对众将发表训词，道："自古以来豪杰开基创业，不用贤能，哪里成得大事？我出身布衣，全靠你们弃家为国，化国为家。但我连年征战，戎马倥偬，加以政务缠身，实在辛苦异常，无法吃得消。所以这次讨伐张立诚，我才没有亲征。大将军徐达、平章常遇春等人能出力擒王缚将，建功立业，堪称一代元勋，可分我之忧劳，所以我将他们当作心腹任用。他们尽心辅佐我，君臣一体，上下一心，所以能有今日。从前灭陈友谅时，我只杀首恶，那些才使之士，我非但不杀，还诚心相待，准备重用，但其中心存疑惧的人仍然不少。偶尔有些英雄人物，与我一见倾心，便能肝胆相照，出入我身边，我对他们一视同仁，不分彼此，从而使反侧自消。像张士诚的部将，不思精忠报国，惟贪妇女玉帛，损公肥私，损人利己，一旦失败，万事皆休。这是近事，可引以为鉴。张士诚被灭后，徐达不取妇女财帛，深谋远虑，以为中原未定，天下未平，不可先图逸乐，你们应当以徐达为榜样，建功立业。"

此后不久，朱元璋又对群臣说："我观看地图，天下三分，我已有其二。如在此时能网罗一批才识贤俊之士，辅助我励精图治，我则一心统其纲纪，群臣则以众力赞襄庶政，革除弊政，彰明法度，安定百姓，发展生产，那么统一大业指日可成。古语道'国无仁贤，则国空虚'，你们应大力举荐贤才，以资任用。"

称帝登基以后，朱元璋对吏部官员说："统治天下，犹如建造大厦，不是一根木头所能建成的，必须聚集很多木材然后可成。天下也同样不是一人可以独理的，必须选拔贤能而后可得治理。所以为国得珍宝，不如为国荐贤才。我登基已经一十二年，想得贤才辅弼我建立功绩。然而山村幽邃，博学老成之人韬光养晦，遁迹山乡，清高自处，淡泊闲居，若非诚意招徕，他们轻易不至。应当命有司尽心访求推荐，以礼诚请，遂至京城，朕必当重用！"

在整个洪武年间，朱元璋一直都很重视人才，他吸取了元朝失败的教训，对人才采取了兼容并蓄、一视同仁的态度，吸收了来自社会各阶层、各区域、各集团、各民族的人才。元朝用人，种族歧视政策在举荐贤能的过程中起了决定性的作用，由于元朝歧视汉人和南人，重用蒙古、色目人，汉人、南人即使有大才干、大学问，也只能做一些副职或小官，这就激起了占上层社会多数的汉族人才的强烈不满。由于元朝统治者采取民族歧视政策，也使他们自外于以汉人为主的社会，使自己在汉人心中始终带有异族色彩，无法完全融入汉人社会，从而造成政治上的失败，以致元末农民起义爆发后，大批知识分子变节，投靠汉族农民起义领袖谋取前程。元朝统治者这种用人方法的另一弊端是，他们无法通过汉族人才来深入了解汉族人的思想观念，更放弃了通过汉族人才统治汉人的机会，从而在元朝后期形成了占人口少数的蒙古、色目人与占人口多数的汉人、南人的对抗。比起清朝统治者的汉化和以汉人治汉人策略来，蒙古统治者是失败的。由于对元朝的没落深有研究，朱元璋时时注意避免重蹈覆辙，在用人策略上也是如此。

朱元璋是农民出身，最初他手下的一些将领谋士也大多出身农民，虽也有地主阶级的知识分子，但或者读书不多，或者没有治政经验，如李善长、冯国用等人即是如此。为了弥补这种人才的断层和缺陷，朱元璋采取了广泛吸纳人才甚至不计较人才出身的态度，为壮大他的智囊团大开了方便之门。

首先，他大量任用江南地主阶级知识分子。朱元璋初期只控制江南地区，还不能对其他地区施加影响，但他努力就地取材、最大限度地加以招纳延揽，他麾下的李习、陶安、范常、叶深、宋濂、朱升、唐仲实、叶仪、戴良、吴沉、范祖干、王冕、秦从龙、章溢、刘基等当时名士，便是经礼聘而来的江南地主阶级的代表人物。这些名士博通经史，学有专精，为他制定方针大计，辅助他掌握着发展方向，构成了朱元璋的顾问班子。其中陶安支持朱元璋取金陵的策略，并建议他以金陵为根据地，以江南人才为辅弼；朱升则向朱元璋建议提出了著名的"高筑墙，广积粮，缓称王"策略；宋濂则是《元史》的主要编纂人；刘基更是成为朱元璋的智囊，为他出谋划策，参赞军事，成为开国功臣。这些江南地主知识分子弥补了朱元璋早期智囊团知识上的缺陷与不足，同时更为稳定江南局势，创立大明王朝立下了勋绩。

其次，朱元璋任用了大批元朝旧臣。这些人久仕于元，或治政经验丰富，或熟悉朝廷典章礼仪，或为朱元璋分化元朝统治阶级起到了积极作用。这里面既包括文臣，也包括武将。文臣如刘基、危素、张昶等。危素是元朝翰林学士，是朱元璋《皇陵碑》的最早撰写人；张昶熟悉典章制度，成为明朝建立后典章制度的执笔人之一。武将如康茂才、朱亮祖等，我们已经知道，康茂才是应天保卫战中的第一功臣，朱亮祖则屡立战功，官至枢密院判。

再次，朱元璋还从被他击败的各政治集团中寻找人才，并且予以重用，正如他自述的"往年陈友谅既灭，惟诛其首恶，余有才者岂但待以不死，剖心与吾将收实用。中间怀疑者不少，间有英雄，一见与吾即复输诚，出入左右，待之如一，无间新旧，使反侧自安。"灭张士诚后，又任用了张士诚的司徒李伯昇、平章潘元明等人。方国珍、陈友谅集团中的人才，他也有所任用，如方国珍之子方礼、方关，陈友谅的记事郑定等。

通过这种对人才的不断补充搜罗，朱元璋建立了一个庞大的兼容并蓄的人才库。这些人才各有所长，使他的政治集团成为一个文化层次较高、治政经验丰富，对各方面都能施加影响的职能完备、面面俱到的整体。由于这些来自各方面的人才几乎囊括了当时社会的各阶层、各方面，因而有助他对局势迅速地做出了解和反应。而兼容并蓄，正是朱元璋成功的用人之道之一。

朱元璋对用人具有朴素的辩证观点，认为："人之才智或有长于彼而短于此者，若因其短并弃其长，则天下之才难矣。"早在至正二十年，朱元璋便对省臣说过这一系列道理。洪武元年，他说："建国伊始，最紧迫的事莫过于广招贤才。中书省是各部门枢纽所在，应选拔贤能之士到各岗位，共同管理。但用人之道，要善于根据各人能力的大小、特长使之各得其所。如果用能力有限的担大任，好比把拱桶作栋梁，而大材小用，无异于把钟盂当作斗斛。"省臣为此对道："只要是才干之士，就让他担任职务，可以吗？"朱元璋道："镆铘之利能断犀象，但用来砍石头，必然毁坏；用人也是如此，只要使用得当，人尽其才，就达到用人的目的了。"后来他又做了新的比喻，说："良马能历险驰远，但如果用来追捕野兔，远及不上猎犬；钝刀能破朽腐之物，但如果解剖全牛，那远不及利刃。人也一样，有的颇有大器却不会处理小事，有的不乏小事的能力却不能当大事。所以用人之道要在因材授职，国家用人，应当用其所长，不能一概而论。否则，人才不能尽其用，朝廷也就无人可用了。"其后的治政过程中，他对大臣们反复申明这一道理，以指导大臣据此原则去选用贤才。

从取长弃短、因材授职的原则出发，朱元璋宣布："今令天下求才，其长于一艺者，皆在选列"，"凡有一善可称，一才可录者，皆具实以闻，朕将随其才以擢用之"，"在野贤人君子，果然练达治体、敷陈王道，许其赴京面奏。"有位广东番禺人马名广。勤奋好学，以诗闻名，洪武二十六年曾诣阙上书，上言五事。当时朱元璋曾有"凡选举毋录吏卒之徒"的规定，但马名广却正在辽东当兵，朱元璋发现其言有可取之处，就没有囿他所立下的法令，命吏部破格擢用马名广为吉安泰和县丞。潮州府学生员陈质，其父在大宁戍守，父死，按法令应替代入伍。陈质上书表示希望能获准许读完府学，以图将来报效国家。朱元璋当即指示兵部道："国家得一卒易，得一才难。这名学生既有志于学，可削除其军籍，特许其回府学继续学习。"兵部尚书沈缙以为此生员学业尚无成绩，能否成才尚在未定之天，破格削除其军籍，似乎小题大做。朱元璋开导沈缙道："国家用人，必在未用之前予以培养，在培养成才后才能使用。好比种庄稼，必须预先进行耕作才有收获，如不待成熟便抢先收割，那顶什么用呢？"兵部因而破格允许陈质继续留于府学读书。

洪武二十五年，朱元璋曾一连下过两道诏令，道："凡将校流罪以下谪戍云南、贵州者，俱复其官。""凡士人因小过罢黜及贬谪远方者，知其才能果优，并听举用。"根据这个原则，许多因过失被罢官甚至判罪服役的官员，都重新得到了起用。如礼部侍郎金润，应对称旨，曾深得朱元璋赏识，后因事获罪被贬到都察院审案。洪武二十五年，朱元璋忽然福至心田，想起这个人来，便问身边大臣道："过去有个喜欢戴方巾的官员，奏事很有道理，怎么这几年一直没再见他？"吏部官回说此人叫金润，因罪已被贬至都察院。朱元璋道："此人才可用。"便下诏复其原官。

朱元璋的用人方法是开明而朴素的，只要有用的人，他不拘一格，都吸收至身边来。这是因为他的个性中还保留着农民的朴素心理。自然经济时代的农民总是最讲实际，因而也多是功利的，艰苦的生存状态使许多人有奶便是娘，朱元璋继承了农民的这种功利性，讲究人尽其用，木尽其材，讲究只要有用便能用。唯其如此，才能成就帝业，获得天下。